Gott ist ein Freund des Lebens

Gott ist ein Freund des Lebens

Herausforderungen und Aufgaben beim Schutz des Lebens

Gemeinsame Erklärung des Rates
der Evangelischen Kirche in Deutschland
und der Deutschen Bischofskonferenz

in Verbindung mit
den übrigen Mitglieds- und Gastkirchen der
Arbeitsgemeinschaft christlicher Kirchen
in der Bundesrepublik Deutschland und Berlin (West):

Griechisch-Orthodoxe Metropolie von Deutschland,
Bund Evangelisch-Freikirchlicher Gemeinden in Deutschland,
Evangelisch-methodistische Kirche,
Katholisches Bistum der Alt-Katholiken in Deutschland,
Vereinigung der Deutschen Mennonitengemeinden,
Europäisch-Festländische Brüder-Unität
(Herrnhuter Brüdergemeine),
Syrisch-Orthodoxe Kirche von Antiochien in der BRD,
Evangelisch-altreformierte Kirche in Niedersachsen,

Bund Freier evangelischer Gemeinden in Deutschland,
Religiöse Gesellschaft der Freunde (Quäker),
Selbständige Evangelisch-Lutherische Kirche,
Christlicher Gemeinschaftsverband Mülheim/Ruhr GmbH,
Die Heilsarmee in Deutschland

Paulinus-Verlag Trier

Herausgegeben vom Kirchenamt der Evangelischen Kirche in Deutschland und vom Sekretariat der Deutschen Bischofskonferenz

CIP-Titelaufnahme der Deutschen Bibliothek

Gott ist ein Freund des Lebens: Herausforderungen und Aufgaben beim Schutz des Lebens; gemeinsame Erklärung des Rates der Evangelischen Kirche in Deutschland und der Deutschen Bischofskonferenz / hrsg. vom Kirchenamt d. Evang. Kirche in Deutschland u. d. Sekretariat d. Dt. Bischofskonferenz. – Trier: Paulinus-Verl., 1989
ISBN 3-7902-1025-0
NE: Evangelische Kirche in Deutschland / Rat

ISBN 3-7902-1025-0
© Paulinus-Verlag, Trier 1989
50.—60. Tausend 1990
Diese Erklärung erscheint unter ISBN 3-579-01955-4
auch im Gütersloher Verlagshaus Gerd Mohn, Gütersloh.

Umschlaggestaltung: Ludwig Nollmeyer, Trier
Satz: Clausen & Bosse, Leck
Gesamtherstellung: Paulinus-Druckerei GmbH, Trier
Printed in Germany

Inhalt

Vorwort

Die Deutsche Bischofskonferenz und der Rat der Evangelischen Kirche in Deutschland haben im Jahr 1986 beschlossen, eine Arbeitsgruppe einzusetzen, die – nach dem Vorbild früherer gemeinsamer Erklärungen – eine Äußerung zum Schutz des Lebens vorbereiten sollte. Der thematische Horizont wurde bewußt weit gesteckt, zumal bei der Frage nach einem wirksameren Schutz des ungeborenen Lebens Differenzen zwischen der katholischen und der evangelischen Seite nicht zu übersehen waren. Ein umfassender und vertiefter Ansatz versprach auch eine größere Gemeinsamkeit. Die Arbeitsgruppe hat ihre Tätigkeit im Frühjahr 1987 aufgenommen und das Ergebnis ihrer Beratungen den Leitungsgremien der beiden Kirchen im Sommer 1989 vorgelegt.

Nach unserer Überzeugung ist es gelungen, die Herausforderungen beim Schutz des Lebens in ihrem inneren Zusammenhang darzustellen und wichtige Klärungen in den Sachfragen vorzunehmen. In fast überraschender Weise ist, ohne daß bleibende Unterschiede verschwiegen oder falsche Kompromisse geschlossen worden wären, ein sehr hohes Maß an Gemeinsamkeit erreicht worden.

Auch alle anderen Mitglieds- und Gastkirchen der Arbeitsgemeinschaft christlicher Kirchen in der Bundesrepublik Deutschland und Berlin (West) haben sich die Erklärung zueigen gemacht und tragen sie mit. Angesichts von Umfang und Zeitpunkt ihrer Mitarbeit versteht sich der Beitritt dieser Kirchen zu der Erklärung als eine prinzipielle Zustimmung, die nicht auf jede Einzelaussage des Textes bezogen werden kann. Wir sind zuversichtlich, daß die Erklärung als ein gutes Signal für das Wachsen der Ökumene in unserem Land aufgenommen wird.

Wir verbinden mit der Veröffentlichung dieser Erklärung die Hoffnung, daß das Plädoyer für eine umfassende gemeinsame Anstren-

gung zum Schutz des Lebens dem ethisch wachen Zeitgenossen ein-
leuchtet und daß den guten Worten zugunsten des Lebens viele über-
zeugende Taten folgen.

Bonn und Hannover, am 30. November 1989

Bischof Dr. Dr. Karl Lehmann
Vorsitzender der
Deutschen Bischofskonferenz

Bischof Dr. Martin Kruse
Vorsitzender des Rates der
Evangelischen Kirche
in Deutschland

Übersicht

Zu den Zeichen unserer Zeit gehört es, daß die immer größere Macht-
fülle der Menschheit nicht nur zu Erleichterungen des menschlichen
Lebens führt, sondern zugleich seine Grundlagen und seine Würde
bedroht. Dies wird in der Öffentlichkeit zunehmend deutlich empfunden. Die Kirchen sehen sich in dieser Situation herausgefordert,
einen gemeinsamen Beitrag zum Nachdenken über diesen Widerspruch zwischen Erfolg und Gefährdung zu leisten – einen Beitrag,
der auch politisch umstrittene Fragen nicht ausklammert.
Was wir brauchen, ist eine umfassende gemeinsame Anstrengung *aller* zum Schutz des Lebens. Dies ist der Leitsatz der Erklärung der
Kirchen. Wir brauchen eine *umfassende* Anstrengung: Darum handelt die Erklärung von den Herausforderungen und Aufgaben beim
Schutz des Lebensraums Erde ebenso wie beim Schutz menschlichen
Lebens. Wir brauchen eine *gemeinsame* Anstrengung: Darum wendet sich die Erklärung an Menschen aus unterschiedlichen Lebens-
bereichen, mit unterschiedlichen politischen Überzeugungen und
weltanschaulichen Prägungen, an Christen und Nichtchristen. Die
Anstrengungen gelten der Bewahrung und Förderung des *Lebens*, das
jedem Menschen in den natürlichen Grundlagen des Lebens auf der
Erde, in seinen Mitgeschöpfen, seinen Mitmenschen und seinem eigenen Leben als Gabe begegnet. Kirche und Christen beziehen die
Gabe des Lebens auf Gott als den Geber und Herrn des Lebens. Die
Erklärung will dazu anleiten, Gott als den »Freund des Lebens« (Weisheit Salomos 11,26) zu erkennen, der die Menschen dazu beruft und
befähigt, selbst Freunde des Lebens zu sein.

Der *I. Teil* (S. 16–21) beschreibt Ausgangspunkt und Zielsetzung der
Erklärung: Die Gabe des Lebens ist in der Gegenwart massiven Bedrohungen ausgesetzt, und darum bedarf es verstärkter Anstrengung, lebenzerstörenden Tendenzen zu wehren, Ehrfurcht vor dem
Leben zu wecken und zum Leben zu ermutigen. Dabei kann sich niemand ohne Schaden für die eigene Glaubwürdigkeit auf Dauer nur
bestimmten ausgewählten Gefährdungen des Lebens zuwenden und
zu anderen schweigen.

Der *II. Teil* (S. 22–28) fragt nach Orientierung aus der Bibel für die Wahrnehmung des Lebens und die Einstellung zu ihm. Die Erklärung läßt sich dabei von der Überzeugung leiten, daß den so gewonnenen Einsichten nicht nur Christen zustimmen können.

Der *III. Teil* (S. 28–38) wendet sich dem Lebensraum Erde im ganzen zu. Er geht von der Erwartung aus, daß Menschen, die Leben in der Haltung dankbaren Staunens wahrnehmen, ihm auch mit mehr Achtung und Scheu begegnen. An den Beispielen von Atomtechnik und Gentechnik wird das Problem verhandelt, daß die Herrschaft des Menschen über seine natürliche Umwelt und Mitwelt in eine neue Dimension gewachsen ist. Diese Herrschaft muß aber im Rahmen des Schöpferwirkens Gottes zugunsten des Lebens wahrgenommen werden, sie muß sich in den Dienst des Lebens auf der Erde stellen. Die Kirchen erneuern und bekräftigen in diesem Zusammenhang ihre Position zur Verankerung des Umweltschutzes im Grundgesetz: Eine entsprechende Staatszielbestimmung muß dem Eigenwert der Mitgeschöpfe des Menschen Rechnung tragen, damit nicht Eingriffe legitimiert werden, die zwar im Interesse des Menschen und der Wahrung seiner Rechte jeweils für erforderlich gehalten werden, die Schöpfungswelt als ganze in ihrer lebensnotwendigen Vielfalt aber bedrohen.

Der *IV. Teil* (S. 39–53) handelt von der besonderen Würde des menschlichen Lebens und dem in ihr begründeten unbedingten Lebensrecht jedes einzelnen Menschen. Die Überzeugung, daß im letzten nicht eigene Qualitäten, sondern Gottes Annahme und Berufung dem Menschen Gottebenbildlichkeit und damit seine Würde verleihen, muß sich gerade gegenüber dem ungeborenen, dem kranken, behinderten und sterbenden Leben bewähren. Ein eigener Begründungsgang ist der Einsicht gewidmet, daß das ungeborene Leben an der besonderen Würde des menschlichen Lebens vollen Anteil hat und deshalb nicht minder zu schützen ist als das geborene Leben. Die Erklärung begnügt sich nicht mit der Entfaltung des Anspruchs, den Würde und Lebensrecht eines jeden Menschen an das Zusammenleben von Menschen stellen; sie reflektiert auch die Grenzen der Fähigkeit, Belastungen zu tragen und sich auf Unvorhergesehenes

12

einzustellen, und geht so auf die Schwierigkeit ein, daß Würde und Lebensrecht eines anderen Menschen über den bloßen Anspruch hinaus gelebt und praktiziert werden müssen.

Der *V. Teil* (S. 53–62) gibt einige Hinweise auf Bereiche besonderer Verantwortung für den Schutz des Lebens: Erziehung, Medien, Rechtsordnung, Gesundheit sowie Forschung, Technik und Wirtschaft. Die Hervorhebung dieser Lebensbereiche darf und soll aber nicht davon ablenken, daß das Leben allen, jeder Frau und jedem Mann, den verschiedenen gesellschaftlichen Gruppen, nicht zuletzt auch den Kirchen, je an ihrem Ort und nach dem Maße ihrer Möglichkeiten anvertraut ist.

Der *VI. Teil* (S. 62–110) greift fünf ausgewählte aktuelle Problemfelder auf, die den Schutz eines je einzelnen menschlichen Lebens betreffen.
Forschung an Embryonen (S. 63–65) wird wie andere Humanexperimente nur insoweit gebilligt, wie sie der Erhaltung und der Förderung bestimmten individuellen menschlichen Lebens dient. Gezielte Eingriffe an Embryonen hingegen, die ihre Schädigung oder Vernichtung in Kauf nehmen, sind nicht zu verantworten – und seien die Forschungsziele noch so hochrangig.
Das *ungeborene Leben im Mutterleib* (S. 65–89) und der Embryo im Labor haben die gleiche Würde und das gleiche Recht auf Leben. Der Schutz des ungeborenen Lebens ist unteilbar. Allerdings befindet sich das ungeborene Leben im Mutterleib in einer anderen Situation als der Embryo im Labor: Es ist abhängig von der Frau, die es in sich trägt. Darum müssen alle Anstrengungen darauf gerichtet sein, es mit der Frau und nicht gegen sie zu schützen. Dies gilt um so mehr, als angesichts der Entwicklung medikamentöser Möglichkeiten zum Schwangerschaftsabbruch Auflagen und rechtliche Barrieren in Zukunft relativ an Bedeutung verlieren und der ethisch begründeten Einstellung zum Schwangerschaftsabbruch immer mehr Gewicht zukommen wird. In dieser Situation halten es die Kirchen für notwendig und für aussichtsreich, sich in der gesamten Gesellschaft über bestehende Gegensätze hinweg auf ein gemeinsames Ziel zu verständigen: Wir wollen, soweit es in unseren Kräften steht, dazu beitragen, Schwangerschaftsabbrüche zu vermeiden; darum wollen wir

- die Verantwortung in Partnerschaft und Sexualität stärken,
- auf der Ebene der Bewußtseinsbildung und der Prägung ethischer Grundüberzeugungen die Achtung vor der Würde des ungeborenen Lebens vertiefen und fördern,
- an der Veränderung solcher Verhältnisse arbeiten, die der Annahme des ungeborenen Lebens im Wege stehen, und so
- mehr Frauen und Männer dafür gewinnen, daß sie im Schwangerschaftskonflikt das ungeborene Leben annehmen.

Es ist die Überzeugung der Kirchen, daß diese vier Verpflichtungen die Plattform für eine gemeinsame Anstrengung aller gesellschaftlichen Kräfte bilden können. Im Blick auf Einstellungen und Wertorientierungen, die Verantwortung in Partnerschaft und Sexualität, sozial-, frauen- und familienpolitische Maßnahmen sowie die Hilfe der Rechtsordnung nimmt die Erklärung eine genauere Prüfung möglicher Schritte zu einer Verbesserung des Schutzes ungeborenen Lebens vor. Die Kirchen selbst sind in der Pflicht, ihre flankierenden Hilfen zu verstärken und auszubauen.

Behindertes menschliches Leben (S. 90–102) erfährt heute mehr Verständnis und Förderung als in früheren Zeiten. Aber nicht nur die Schatten der Vergangenheit, sondern auch bedenkliche Erfahrungen und Tendenzen in der Gegenwart nötigen gleichwohl zur Wachsamkeit. Die Rechte des einzelnen müssen um so mehr Maßstab gesellschaftlicher Interessen sein, je schwächer er ist. Darum lehnt die Erklärung auch alle eugenisch orientierten Bevölkerungsprogramme ab. Fortentwicklung und Ausbau der pränatalen Diagnostik bedürfen sorgfältiger Beobachtung, damit in der Gesellschaft nicht die Bereitschaft unterminiert wird, von Geburt an behinderte Menschen anzunehmen und in ihnen eine Lebensaufgabe zu sehen.

In einer Organspende und der durch sie ermöglichten *Organverpflanzung* (S. 102–105) sehen die Kirchen einen Weg, über den Tod hinaus Nächstenliebe zu üben. Sie treten aber dafür ein, im Einzelfall sorgfältig abzuwägen, ob eine Organverpflanzung angebracht ist.

Auch am *Ende des menschlichen Lebens* (S. 105–110) sind die Unverfügbarkeit des anderen menschlichen Lebens und die prinzipielle Respektierung seines Selbstbestimmungsrechts grundlegend. Deshalb darf beim Sterben eines Menschen alle Hilfe nur Lebenshilfe sein. Dies kann im Einzelfall sehr wohl das Unterlassen oder die Einstellung von medizinischen Eingriffen zur Folge haben, wenn diese, statt das Leben dieses Menschen zu verlängern, nur dessen Sterben verlängern. Doch hat auch ein unheilbar Kranker, der für andere nur noch eine Belastung ist, das ungeschmälerte Grundrecht auf Leben.

Im *VII. Teil* (S. 110f) schließt die Erklärung mit einer Ermutigung zum Leben: Das Leben hat Zukunft, weil Gott die Quelle des Lebens ist.

Welche *Erwartungen* verbinden die Kirchen mit dieser Erklärung? Zu zahlreichen Einzelpunkten enthält sie eine Reihe konkreter Forderungen und Anregungen. Die Kirchen erwarten, daß diese Forderungen und Anregungen in der Politik, in Wissenschaft und Wirtschaft, im Gesundheitswesen, in den Kirchengemeinden, also von den Menschen, die an ihrem besonderen Ort Verantwortung für das Leben haben, gehört, sorgfältig bedacht und auch ergänzt werden. Vor allem aber erwarten die Kirchen, daß

- niemand auf erste Schritte anderer wartet oder sich mit den Mängeln in anderen Bereichen entschuldigt, vielmehr
- jeder und jede bei sich und den jeweils gegebenen Möglichkeiten mit dem Schutz des Lebens anfangen und ernst machen.

Der Wille, dem Leben in all seinen Phasen und Gefährdungen entschieden beizustehen, hat heute vielfältige Möglichkeiten – von der stillen Pflege für Alte, Kranke und Behinderte in der Familie über die Initiativen freier Gruppierungen der Gesellschaft bis hin zu Maßnahmen des Gesetzgebers. Auch gibt es zahlreiche Gelegenheiten, zu gemeinsamen und aufeinander abgestimmten Aktionen zu kommen – wenn man sich erst einmal entschlossen hat, dem guten Willen zugunsten des Lebens die Tat folgen zu lassen. Diese Tat ist, von unserem Glauben her gesehen, Gottes Gebot und eine Forderung der Nächstenliebe. Sie ist, von der Politik her gesehen, eine Forderung der Gerechtigkeit und der Solidarität. Und sie ist für alle, auf die Dauer gesehen, eine Forderung des Eigeninteresses und der Selbsterhaltung: Können wir wissen, ob wir nicht eines Tages selbst als Behinderte, Gebrechliche oder Kranke auf andere angewiesen sind? Und verdanken wir nicht allesamt die heutigen Lebensmöglichkeiten und unser eigenes Leben auch der Fürsorge derer, die in der Vergangenheit die natürlichen Grundlagen des Lebens bewahrt und uns persönlich von allem Anfang unseres Lebens an beschützt haben?

I. Gabe und Gefährdung des Lebens

Das Leben ist eine kostbare Gabe – für den Menschen ebenso wie im Blick auf andere Lebewesen und die Existenz von Leben überhaupt. Die Erfahrung von Gefährdung und Verlust des Lebens prägt die Menschen zu allen Zeiten. Manchmal bringt erst eine Erfahrung dieser Art zu Bewußtsein, *wie* kostbar ein scheinbar selbstverständliches Gut ist. In der Gegenwart vermehren und verstärken sich, zunehmend deutlich wahrgenommen, massive Bedrohungen des Lebens; sie sind im wesentlichen vom Menschen selbst verursacht und richten sich gegen menschliches Leben selbst und gegen das Leben insgesamt. Solche Bedrohungen können lähmen und in die Resignation treiben. Wir sehen in ihnen aber auch Warn- und Rufzeichen und damit die Chance, alle Kräfte zum Schutz des Lebens zu mobilisieren. Als Christen wissen wir: Das Leben ist Gabe Gottes. Gott überläßt seine Gabe nicht den Mächten der Zerstörung. Menschen sind berufen, Gottes Willen zu tun und Leben wie Lebensmöglichkeiten auf der Erde zu bewahren.

(1) Die Gabe des Lebens

Die Besonderheit von Leben zeigt sich schon daran, daß in der Weite des Universums abgesehen vom Planeten Erde Leben bisher nicht nachgewiesen werden konnte. Auf der Erde ist es eine relativ späte Erscheinung. Stets selbstorganisiert stellt es die differenzierteste und insofern höchste Stufe physikalisch-chemischer Gebilde und Vorgänge dar und ist doch allen bloßen Stoffen und deren Austauschverhältnissen gegenüber etwas Eigenes. Dabei zeichnen sich die lebenden Organismen durch eine erstaunliche Gleichartigkeit des Bauplans und zugleich eine ungeheure Vielfalt aus: Das genetische Material weist bei Pflanze, Tier und Mensch wie schon beim Mikroorganismus einen gemeinsamen molekularen Aufbau auf; die Entwicklung des Lebens hat aber von diesen Grundstrukturen aus zu einer verschwenderischen Fülle von Arten geführt. Sowohl die sinnliche Erfahrung als auch wissenschaftliche Untersuchungen machen immer wieder neue Entdeckungen von der Ordnung, der inneren Zweckmäßigkeit und der Schönheit der Lebensphänomene.

Dem Menschen ist Leben immer vorgegeben. Er findet sich vor als ›Leben inmitten von Leben‹ (Albert Schweitzer). Ohne sein Zutun lebt er in einer Welt, die über unvorstellbar lange Zeiträume Leben ermöglicht hat und – sofern die Grundlagen des Lebens nicht zerstört werden – weiter ermöglichen wird. Der Mensch schafft sich nicht selbst, und sein Kultivieren und Entfalten des natürlichen Lebens – bis hin zu den neuesten gentechnischen Eingriffen – setzt immer das gegebene Leben voraus. Er hat unter allen Lebewesen eine Sonderstellung: Er kann sich seiner selbst bewußt werden und sein Leben wie den Lebensraum Erde gezielt, freilich auch mit unbeabsichtigten Nebenfolgen gestalten und verändern – zum Guten wie zum Bösen. So ist die Gabe des Lebens für den Menschen zugleich Aufgabe. Der Mensch kann und soll Verantwortung für den Lebensraum Erde übernehmen.

Die Wahrnehmung des Lebens in seiner Ordnung, inneren Zweckmäßigkeit und Schönheit gibt dem Menschen Anlaß, für die Gabe des Lebens zu danken und über seine Fülle zu staunen. Je tiefer er das Wunder des Lebens erkennt, desto bestimmter wird er der Gefahr begegnen können, das Leben selbstherrlich in Verfügung zu nehmen oder es gar zu verachten.

Alles Leben verdient als vorgegebenes Leben entsprechende Achtung. Eingriffe in fremdes Leben sind nicht selbstverständliches Recht des Menschen, sondern bedürfen einer ausdrücklichen Rechtfertigung. Für den Umgang mit anderem *menschlichem* Leben ist es von grundlegender Bedeutung, jedes Menschenleben als in sich wertvoll, unersetzbar und also unverfügbar zu erkennen und so in seiner Würde zu achten. Niemand hat über Wert oder Unwert eines anderen Menschenlebens zu befinden.

Begrenztheit und Endlichkeit, Verletzlichkeit und Gebrechlichkeit sind Wesensmerkmale alles kreatürlichen Lebens. Das wird deutlich nicht nur an der durchgehenden Erfahrung der Vergänglichkeit, sondern ebenso an dem Umstand, daß sich menschliches Leben nicht umfassend planen läßt und immer wieder mit überraschenden und unvorhergesehenen Widerfahrnissen konfrontiert ist.

(2) Die Gefährdung des Lebens

Als kreatürliches Leben ist Leben auf der Erde immer gefährdet. Niemand ist gegen Krankheit und Unfall geschützt, keiner entgeht dem Tod. Von diesen dem Leben als solchem innewohnenden Gefährdungen sind allerdings die vom Menschen selbst verursachten Gefährdungen zu unterscheiden. Sie haben mit den enorm gewachsenen wissenschaftlich-technischen Möglichkeiten an Intensität deutlich zugenommen. In den entwickelten Ländern der Erde sind sie weitgehend an die Stelle der in früheren Jahrhunderten im Vordergrund stehenden Lebensgefährdungen durch die Natur, wie z. B. Seuchen, getreten. Zu ihnen zählen heute vor allem:

- die Zerstörung der natürlichen Grundlagen des Lebens (Vergiftung von Boden, Wasser und Luft; Klimaveränderung; Beschädigung der schützenden Ozonhülle u. a.),
- der hohe Konsum von Energie mit den Risiken bzw. schädlichen Folgen ihrer Erzeugung,
- nicht auszuschließende Risiken der Gentechnik,
- das Vernichtungspotential der Waffenarsenale mit ihrer fortbestehenden ins Absurde gesteigerten Vernichtungskraft,
- die Begleiterscheinungen und Auswirkungen des Verkehrs (ca. 8000 bis 10 000 Tote jährlich allein in der Bundesrepublik Deutschland),
- die Mißachtung tierischen Lebens (besonders auf dem Gebiet der Tierversuche, bei der Tierhaltung und beim Tiertransport).

Hinzu kommen gegen das Leben gerichtete Handlungen, die nicht – oder doch nicht unmittelbar – mit der wissenschaftlich-technischen Entwicklung der menschlichen Zivilisation zusammenhängen, sondern mehr in der inneren Einstellung des Menschen und breiteren Zeitströmungen wurzeln:

- Suchterscheinungen (Alkoholismus, Drogenabhängigkeit mit der dazugehörigen Beschaffungskriminalität),
- Kindesmißhandlungen,
- Gewalt gegen Frauen,
- Selbstmorde (in der Bundesrepublik Deutschland etwa 11 000 bis 15 000 Tote im Jahr und mindestens das Zehnfache an Selbstmordversuchen),

- Abtreibungen (für die Bundesrepublik Deutschland werden über 200000 Abtreibungen im Jahr angenommen),
- Ansätze zur »Euthanasie« (gegenüber schwerkranken Menschen bzw. beim Mißbrauch der mit der pränatalen Diagnostik eröffneten Möglichkeiten gegenüber ungeborenem behindertem Leben).

Hinter solchen Gefährdungen des Lebens stecken in vielen Fällen lebensverneinende Verhaltensweisen und Einstellungen. Sie äußern sich vor allem in übertriebenem Anspruchsdenken und blinder Durchsetzung der eigenen Interessen, in Machbarkeitswahn, in Gleichgültigkeit oder Gewissenlosigkeit. Solche Verhaltensweisen und Einstellungen kommen freilich nicht von ungefähr und sind nicht immer nur Ausdruck einer besonders verwerflichen Gesinnung. Denn sie hängen häufig wiederum zusammen mit den verbreiteten Gefühlen von Zukunftsangst und Sinnlosigkeit, mit Vereinsamung und Erfahrungen von Verlassenheit. Es ist auch kein Zufall, daß die seelischen Erkrankungen erheblich zugenommen haben: Menschen wissen oft nicht, wozu sie leben. Auch stellt die Konfrontation mit den massiven Bedrohungen des Lebens eine gravierende seelische Belastung und Störung dar.

(3) Der Schutz des Lebens

Es gibt keine Rechtfertigung dafür, sich mit den beschriebenen Gefährdungen des Lebens und seiner darin zum Ausdruck kommenden bewußten oder unbewußten Mißachtung abzufinden. Vielmehr bedarf es verstärkter Aufmerksamkeit und Anstrengung, Leben zu erhalten, lebenzerstörenden Tendenzen zu wehren, Ehrfurcht vor dem Leben zu wecken und zum Leben zu ermutigen. Die Bedrohung des Lebens durch die Macht des Bösen ist auf allen Lebensgebieten aufzudecken. Der Schutz des Lebens ist eine allen Menschen, nicht nur den Christen gestellte Aufgabe. Christen werden ihren Einsatz als Tat in der Nachfolge Jesu sehen. Aber bei praktischen Schritten zum Schutz des Lebens kommt es weniger auf die Identifizierbarkeit der eigenen Aktivitäten als vielmehr auf die Zusammenarbeit der nach Herkunft und Orientierung durchaus unterschiedlichen Kräfte an. Was wir brauchen, ist eine umfassende gemeinsame Anstrengung *aller* zum Schutz des Lebens.

Dazu gehört es auch, die Lebensgefährdungen in ihrem Gesamtzusammenhang wahrzunehmen. Die Ökonomie der Kräfte oder die Einschätzung einer gegebenen politischen Konstellation können für die zeitweilige Konzentration auf ein einzelnes Gebiet des Lebensschutzes sprechen. Aber man kann sich nicht ohne Schaden für die eigene Glaubwürdigkeit auf Dauer nur bestimmten Gefährdungen des Lebens zuwenden und zu anderen schweigen: Wer den Skandal der hohen Abtreibungszahlen bekämpft, kann sich auch mit der Absurdität der Hoch- und Überrüstung nicht abfinden – und umgekehrt; wer Embryonen im Labor vor Forschungsexperimenten schützen will, muß auch für das Leben des ungeborenen Kindes im Mutterleib eintreten – und umgekehrt; wer sich für einen verbesserten Artenschutz und größere Achtung vor dem tierischen Leben einsetzt, darf es erst recht am Engagement für das Lebensrecht jedes menschlichen Wesens nicht fehlen lassen – und prinzipiell[1] auch umgekehrt.

Zahlreiche Menschen empfinden es angesichts des globalen Ausmaßes heutiger Lebensgefährdungen als weniger vordringlich, für den Schutz einzelner Menschenleben einzutreten: Der Streit etwa um einzelne Fälle von Sterbehilfe und die Achtung vor dem zu Ende gehenden menschlichen Leben stehe, so heißt es, in keinem Verhältnis zu der Bedrohung der ganzen Menschheit durch atomare Waffen oder der natürlichen Lebensgrundlagen der kommenden Generationen. Eine solche Einstellung ist zwar ethisch höchst fragwürdig, weil jedes einzelne menschliche Leben einen Wert in sich darstellt und mit jedem einzelnen Leben das Leben insgesamt geschützt oder verachtet wird. Dennoch ist die in dieser Einstellung zum Ausdruck kommende Beunruhigung ernst zu nehmen und verlangt, daß die Politik, die Institutionen der Gesellschaft und die einzelnen Bürger gerade auch vor den scheinbar übermächtigen Lebensgefährdungen nicht kapitulieren und die daraus sich ergebenden Auseinandersetzungen auf politischer und ökonomischer Ebene nicht scheuen.

Die Kirchen haben teils gemeinsam, teils unabhängig voneinander schon an anderer Stelle zu verschiedenen Fragen des Schutzes des

---

1. Daß allerdings menschliches und außermenschliches Leben nicht auf eine Stufe zu stellen sind, wird im Fortgang auf S. 25f. 32–34. 39f noch näher begründet und entfaltet.

Lebens Stellung genommen. Von besonderer Bedeutung ist in diesem Zusammenhang die gemeinsame Erklärung des Rates der Evangelischen Kirche in Deutschland und der Deutschen Bischofskonferenz von 1985 »Verantwortung wahrnehmen für die Schöpfung«, die sich der ethischen Herausforderung des Ökologieproblems stellte. Vertreter nahezu aller Kirchen in der Bundesrepublik Deutschland haben 1988 zum Abschluß des Forums »Gerechtigkeit, Frieden und Bewahrung der Schöpfung« der Arbeitsgemeinschaft christlicher Kirchen (ACK) in der Erklärung von Stuttgart »Gottes Gaben – unsere Aufgabe« drängende Überlebensfragen der Gegenwart behandelt. Die Europäische Ökumenische Versammlung »Frieden in Gerechtigkeit«, die 1989 von der Konferenz Europäischer Kirchen und dem Rat der Bischofskonferenzen Europas durchgeführt worden ist, hat in ihrem Schlußdokument und in ihrer Botschaft die Fragen aus gesamteuropäischer Perspektive thematisiert.

In diesem weiten Problemhorizont bewegt sich auch die vorliegende Schrift. Sie setzt allerdings einen besonderen Schwerpunkt, indem sie sich nach der Erörterung der Grundfragen auf fünf ausgewählte aktuelle Problemfelder konzentriert, die den Schutz eines je einzelnen menschlichen Lebens betreffen: Im Blick auf

– die Forschung an Embryonen,
– das ungeborene Leben während der Schwangerschaft,
– das behinderte menschliche Leben,
– die Organverpflanzung und
– das zu Ende gehende menschliche Leben

steht konkret das Leben menschlicher Individuen auf dem Spiel. Ziel dieser Schrift ist es, eine umfassende gemeinsame Anstrengung *aller* zum Schutz des Lebens in Gang zu setzen und zu fördern. Das hat zur Voraussetzung, daß in der Konzentration auf einzelne Gebiete des Lebensschutzes der Gesamtzusammenhang heutiger Lebensgefährdung nicht aus dem Auge verloren wird.

II. Besinnung auf die Botschaft der Bibel

Angesichts gegenwärtiger Aufgaben fragen Christen nach Orientierung aus der Bibel. Sie lassen sich dabei von der Überzeugung leiten, daß den so gewonnenen Einsichten nicht nur Christen zustimmen können.

Freilich ist der Schutz des Lebens – jedenfalls in der heute gegebenen Zuspitzung – eine moderne Problemstellung. Die Bibel kennt zwar durchaus die zusammenfassende Sicht auf alles Lebendige (z. B. Gen/ 1 Mose 8,21; Ps 145,16: »alles, was lebt«). Aber die massiven Bedrohungen des Lebens waren weithin andere als heute (natürliche Dürrephänomene, Seuchen, regionale Verwüstung und Entvölkerung durch Kriege). Vor allem überstieg es die Vorstellungskraft, daß der Mensch selbst Machtmittel in die Hand bekommen könnte, die das Leben der Menschen und vieler anderer Lebewesen insgesamt zu gefährden in der Lage sind.

Leben, Lebensgewährung und Lebensschutz sind gleichwohl herausragende biblische Themen. Dies ergibt sich schon daraus, daß Gott und Leben aufs engste zusammengedacht werden.

(1) Gott ist Leben

Die Existenz und der Bestand von Leben hängen an Gott. Denn er schafft, will und erhält das Leben. Er ist in sich selbst lebendig und als »Quelle des Lebens« (Ps 36,10) unterschieden vom geschaffenen, damit endlichen, natürlichen Leben. Wer sich an Gott und an sein Wort hält, dem verheißt die Bibel Leben: »Sucht mich, dann werdet ihr leben« (Am 5,4; vgl. Lk 10,28; Phil 2,16). Die Verknüpfung von Leben und Gott tritt besonders ausgeprägt in den johanneischen Schriften des Neuen Testaments hervor: Christus nennt sich dort selbst das Leben (Joh 11,25; 14,6), und er wird bezeugt und bekannt als das Leben, durch das alle Dinge gemacht sind (Joh 1,3f; 1 Joh 1,2). So wird deutlich, daß Leben, weil es von Gottes Leben durchdrungen ist, mehr ist als das natürliche Leben. Es sucht ja auch jeder Mensch nach einem guten, gelingenden Leben. Darum kann das natürliche Leben auch nicht einen höchsten und letzten Wert darstellen: »Wer sein

Leben retten will, wird es verlieren« – heißt es in einem Nachfolge-
wort Christi –, »wer aber sein Leben um meinetwillen verliert, der
wird es retten« (Lk 9,24; Joh 12,24f).

(2) Gott als Schöpfer des Lebens

Daß Gott die Quelle des Lebens ist, zeigt sich in der Bibel in elementarer Weise an der Erfahrung der Gewährleistung von Leben: »Alle
Augen warten auf dich, und du gibst ihnen Speise zur rechten Zeit.
Du öffnest deine Hand und sättigst alles, was lebt, nach deinem Gefal-
len« (Ps 145,15f). In dieser Hinsicht ist der Mensch Leben neben
anderem Leben und sein Bereich einer unter anderen Lebensberei-
chen.
Wie alles Leben so hat auch das menschliche Leben seine Eigendynamik und seine soziale Dimension. Das menschliche Leben braucht die
Annahme durch die Mitmenschen. Daß Leben in ethischer Betrachtung ein Gut und einen Wert darstellt, hängt freilich nicht an seinem
Angenommensein durch Menschen; jedes Lebewesen hat aufgrund
seiner Annahme durch Gott einen eigenen Wert und Sinn.
Der große Schöpfungspsalm 104 beschreibt die natürliche Welt als ein
umgreifendes Geschehen stetiger Zukehr des Schöpfers, die allem Leben immer schon vorgegeben ist und Lebensraum, Lebensversorgung
und Lebensfrist für alles Lebendige gewährt. Dem Sinne nach machen
die beiden Schöpfungserzählungen Gen / 1 Mose 1–2 die gleiche Aus-
sage: Denn sie bezeugen in der Form einer Erzählung über zurücklie-
gende Ereignisse den Grund dessen, was ist und was sein soll. Darge-
legt wird, was für immer gegeben und gültig ist, nämlich das Wunder,
daß das Lebendige stetig und unverfügbar Ereignis wird und besteht.
Die alttestamentlichen Aussagen über die Erschaffung der Welt und
die Erhaltung des Lebens sind – vor dem Hintergrund entsprechender
altorientalischer Texte – teilweise von der Vorstellung bestimmt, daß
Lebensraum und Lebensmöglichkeiten dem Chaos abgetrotzt und gegenüber dem Chaos im Bestand gehalten sind; darin drückt sich das
auch für die heutige Wahrnehmung von Welt noch wichtige und gültige Lebensgefühl aus, daß angesichts der machtvollen Kräfte von Un-
ordnung und Chaos die Existenz der lebengewährenden Erde ein
Wunder ist und in dankbares Staunen führt. Der Angewiesenheit al-

les Lebendigen auf Gott enspricht seine Bestimmung zum Gotteslob:
»Lobt den Herrn, alle seine Werke, an jedem Ort seiner Herrschaft!«
(Ps 103,22). Die Fülle des Lebens und der ganze Kosmos sind ein Lob
des Schöpfers (Ps 8; 148).

(3) Mächte der Lebenszerstörung

Die vorfindliche Welt gewährleistet Leben und lobt ihren Schöpfer,
obgleich ihre faktische Beschaffenheit nicht mehr »sehr gut« (Gen /
1 Mose 1,31) genannt werden kann. Die Bibel ist bestimmt von der
Sicht, daß das natürliche Leben und das Zusammenleben des Lebendigen tiefgreifend gestört sind. Sie bezeichnet die Mächte der Lebensstörung und -zerstörung mit dem Begriff der Sünde; Sünde und Tod
gehören eng zusammen (Röm 6,23). Die Sünde hat viele Namen und
Gestalten: sich selbst leben (2 Kor 5,15), in der Nichtigkeit seines eigenen Sinnes leben (Eph 4,17ff), nach dem Fleisch leben (Röm 8,13; Gal
5,16ff), im Ungehorsam gegen Gott leben (Dtn / 5 Mose 30,15ff) –
immer geht es um die Gedankenlosigkeit und die Überheblichkeit,
welche die geschöpflichen Grenzen nicht anerkennt. Die Erzählung
vom »Fall« des Menschen Gen / 1 Mose 3 überliefert nicht einfach Ereignisse einer Vorzeit, sondern weist darin grundlegende Gegebenheiten der Erfahrungswelt auf; sie sieht den Kern der Lebensstörung und
-zerstörung in dem Umstand, daß der Mensch der Versuchung erliegt,
sein zu wollen wie Gott und selbst zu bestimmen, was ihm und seiner
Mitwelt förderlich ist (V5). Statt sich an Gott zu orientieren, der ihm
sein Leben und eine Leben gewährleistende Welt gab, orientiert sich
der Mensch an sich selbst und seinen eigensinnigen Vorstellungen,
Bestimmungen, Interessen.

(4) Gott schützt das Leben

Trotz der Sünde und ihrer zerstörerischen Folgen bleibt das Leben auf
der Erde erhalten. Denn Gott schützt das Leben. Schon in der Urgeschichte (Gen / 1 Mose 1–12,3) zeigt die Bibel, wie Gott dem Anwach-
sen des Fluches, der Lebensminderung und -zerstörung Kräfte der
Lebensbewahrung und des Segens entgegenstellt. Am Ende der Sint-
flutgeschichte wird von einer Selbstbindung Gottes berichtet, und da-

mit kommt die Zuversicht auf, daß niemals wieder, solange die Erde steht, eine derart umfassende Vernichtung des Lebens stattfinden wird: »Ich will die Erde wegen des Menschen nicht noch einmal verfluchen; denn das Trachten des Menschen ist böse von Jugend an ... Solange die Erde besteht, sollen nicht aufhören Aussaat und Ernte, Kälte und Hitze, Sommer und Winter, Tag und Nacht« (Gen/ 1 Mose 8,21 f). Diese Verse formulieren eine abgründige, aber gültige Erkenntnis: Der Mensch bleibt, wer er ist, »böse von Jugend an«; aber Gott zieht eine andere Konsequenz, er legt sich darauf fest, daß nicht noch einmal eine solche Zerstörung eintreten wird, und bekräftigt dies im Zeichen des Regenbogens durch den Noach-Bund (Gen/1 Mose 9,8 ff).

Das Vertrauen, daß Gott alles Lebendige liebt und schont, kommt in großer Eindringlichkeit noch einmal in einem späten Text des alten Israel zum Ausdruck: »Du liebst alles, was ist, und verabscheust nichts von allem, was du gemacht hast; denn hättest du etwas gehaßt, so hättest du es nicht geschaffen. Wie könnte etwas ohne deinen Willen Bestand haben, oder wie könnte etwas erhalten bleiben, das nicht von dir ins Dasein gerufen wäre? Du schonst aber alles, weil es dein Eigentum ist, Herr, du Freund des Lebens. Denn in allem ist dein unvergänglicher Geist« (Weisheit Salomos 11,24−12,1).

Freilich bewahrt sich die Bibel, auch wenn sie Gott »Freund des Lebens« nennt, einen nüchternen Blick für die harte und erschreckende Realität der Lebensphänomene. Leben lebt immer auch auf Kosten anderen Lebens. In der »sehr guten« Schöpfungswelt von Gen/1 Mose 1 ist Tieren und Menschen das pflanzliche Leben als Nahrung zugewiesen (V 29 f). In der vorfindlichen Welt, die vom Einbruch des Bösen gezeichnet ist, herrscht Feindschaft zwischen den Lebewesen, reißt der Wolf das Lamm, werden Tiere für die menschliche Ernährung geschlachtet, ja sogar: bringen Menschen einander um. Immerhin macht die biblische Urgeschichte sehr deutlich, daß pflanzliches und tierisches Leben dem Menschen keineswegs selbstverständlich zur Verfügung steht; der Eingriff in anderes Leben bedarf der besonderen Freigabe und Ermächtigung durch Gott, wie sie im Blick auf die tierische und menschliche Ernährung in Gen/1 Mose 1,29 f bzw. Gen/1 Mose 9,2 f gegeben werden.

Übergriffe auf andere Menschenleben sind prinzipiell gegen Gottes Ordnung; sie werden darum mit Sanktionen bedroht (z. B. Gen/ 1 Mose 9,5 f); kategorisch fordert das 5. (6.) Gebot: »Du sollst nicht morden!«

Das Wirken Gottes als eines Freundes des Lebens soll im Wirken der Menschen seine Entsprechung finden. Das 5. (6.) Gebot markiert hier nur eine äußerste Grenze. Die Werke des lebendig machenden Geistes sind Liebe, Friede, Güte, Treue, Sanftmut, Gerechtigkeit (Gal 5,22 f; Eph 5,9), die sich im Umgang mit allem Lebendigen bewähren müssen. Darum heißt es auch im Alten Testament über das Verhältnis des Menschen zum Tier: »Der Gerechte weiß, was sein Vieh braucht, doch das Herz der Frevler ist hart« (Spr 12,10).

(5) Die Begrenztheit des kreatürlichen Lebens

Alles kreatürliche Leben ist begrenzt und vergänglich. Darin erblickt die Bibel prinzipiell keinen Mangel des Lebens: Auch in der »sehr guten« Schöpfungswelt gehört die Sterblichkeit zum menschlichen Leben (Gen/1 Mose 2,9; 3,22); unter den Fluchfolgen der Sünde (Gen/1 Mose 3,14–19) erscheint das Sterbenmüssen als solches nicht; der Wunsch, unter den Bedingungen der Kreatürlichkeit dem Sterbenmüssen überhaupt zu entgehen, ist erst der Wahn des von der Sünde verblendeten Menschen (Gen/1 Mose 3,22). Auch in der vorfindlichen Welt gibt es noch die Erfahrung, daß der Tod gelassen und zustimmend als natürliche Grenze akzeptiert wird (»betagt und lebenssatt sterben«: Gen/1 Mose 25,8). Aber weil in der von der Sünde gestörten Welt das menschliche Leben immer hinter seiner Bestimmung zurückbleibt, wird der Tod jetzt als schmerzlicher Abbruch und als Zerstörung des Lebens erfahren. Indem der Tod von der Sünde geprägt wird (Röm 5,12 ff; 6,23), trennt er von Gott und bedarf der Überwindung durch ein Leben aus Gott, das dem Tod und allem Tödlichen überlegen ist. Hinzu kommt die Erfahrung des »bösen Todes«, also eines Todes, der gemessen an der üblichen Lebenslänge zu früh eintritt oder sich unter Qualen vollzieht. Daraus erwächst der Wunsch, dem Tod zu entgehen bzw. ihn aufzuschieben. Vor diesem Hintergrund sind die Aussagen der Bibel zu lesen, in denen ausdrücklich daran erinnert wird, die Sterblichkeit des Lebens zu bedenken:

»Herr, tu mir mein Ende kund und die Zahl meiner Tage! Laß mich erkennen, wie sehr ich vergänglich bin!« (Ps 39,5; vgl. Ps 90; Ijob/ Hiob 14,1ff)

(6) Das Seufzen und Stöhnen der Kreatur

Das Neue Testament sieht den Leidenszustand der Schöfung und die vielfältigen Minderungen und Verletzungen des Lebens in einer Perspektive der Hoffnung. Am eindrücklichsten geschieht dies bei Paulus im 8. Kapitel des Römerbriefs: »Die ganze Schöpfung wartet sehnsüchtig auf das Offenbarwerden der Söhne Gottes. Die Schöpfung ist der Vergänglichkeit unterworfen, nicht aus eigenem Willen, sondern durch den, der sie unterworfen hat; aber zugleich gab er ihr Hoffnung: Auch die Schöpfung soll von der Sklaverei und Verlorenheit befreit werden zur Freiheit und Herrlichkeit der Kinder Gottes. Denn wir wissen, daß die gesamte Schöpfung bis zum heutigen Tag seufzt und in Geburtswehen liegt« (Röm 8,19–22).

An diesem Abschnitt wird deutlich: Das Neue Testament und insbesondere die paulinischen Briefe, denen gelegentlich eine Orientierung allein am menschlichen Individuum und an der Erlösung des einzelnen unterstellt wird, haben die gesamte Kreatur und Lebenswelt im Blick; der Zustand der kreatürlichen Welt wird als Existenz in Unfreiheit, Nichtigkeit, Seufzen und sehnsüchtigem Harren qualifiziert; zwischen der Erlösung der Menschen und der Erlösung der ganzen Kreatur besteht eine Beziehung. Daraus ergibt sich auch, daß die Menschen die Wende im Zustand der außermenschlichen Schöpfung nicht selbst herbeiführen können: Der Geduld der Christen in der Gegenwart entspricht das Warten und Seufzen der Schöpfung; beides ist eine Gestalt der Hoffnung. Aber wie es im menschlichen Leben Anfänge und Vorzeichen der kommenden Erlösung gibt (z. B. 2 Kor 5,17ff; Gal 5,16ff; Eph 4,17ff), so kann die neue Schöpfung auch in der gesamten Lebenswelt durch entsprechendes Handeln und Verhalten der Menschen zeichenhaft sichtbar werden.

(7) Das ewige Leben

Das vorfindliche Leben, so reich und vielfältig es trotz aller Einbußen ist, ist nicht die ganze Fülle des Lebens. Es war schon davon die Rede, daß Gott selbst als »das Leben« bzw. die »Quelle des Lebens« bezeichnet wird. So kennt die Bibel über das natürliche, kreatürliche Leben hinaus die Wirklichkeit des ewigen Lebens (z. B. Mt 19,16; Joh 10,28; Gal 6,8; 1 Tim 6,12). Die Hoffnung auf eine bleibende Rettung des einzelnen zeichnet sich bereits in einigen späteren Texten des Alten Testaments ab (z. B. Ps 49,16; 73,23–26; Dan 12,2). Das ewige Leben ist freilich mehr als ein »Leben danach«: Es ist ein Leben, das kraft der Auferstehung Christi von der Herrschaft des Todes befreit und im Glauben an Christus schon gegenwärtig wirksam ist. Es baut auf Gottes Treue zum Leben, hält in allen Belastungen und Gefährdungen an der Hoffnung auf den Sieg des Lebens über den Tod fest und vollendet sich in der ewigen Gemeinschaft mit Gott. Ewiges Leben bezeichnet letztlich den Anteil an der umgreifenden Fülle des Lebens Gottes, aus der und in der zu leben der mit Christus im Glauben verbundene Mensch jetzt schon anfängt (z. B. Joh 3,15; Röm 6,23; Phil 1,21). Im Glauben an das ewige Leben wird das Vorletzte des vorfindlichen natürlichen Lebens nicht mit dem Letzten der Wirklichkeit Gottes verwechselt: »Wenn wir unsere Hoffnung nur in diesem Leben auf Christus gesetzt haben, sind wir erbärmlicher daran als alle anderen Menschen« (1 Kor 15,19).

III. Der Lebensraum Erde

1. Staunen lernen

Von dem Pianisten Alfred Brendel stammt der Satz: »Je genauer wir verstehen, um so größer soll das Staunen sein.« Dieser Satz gilt auch für die menschliche Wahrnehmung des Lebensraums Erde. Je genauer die Erscheinung des Lebens untersucht wird, desto mehr bietet sie Anlaß zu dankbarem Staunen. Ob wir an ein komplexes Ökosystem wie den Wald, an Selbstentwicklung und Weitergabe der genetischen Information eines Organismus oder an die volle Entwicklung eines Menschen von der befruchteten Eizelle bis zu dem neugeborenen Kind und seinem weiteren Wachstum denken – die fortschreitende wissenschaftliche Aufdeckung und Erhellung hat nicht notwendig den Effekt, das Wunder zu entzaubern, sie kann eher dazu beitragen, das Staunen zu vergrößern.

Die wissenschaftliche Enträtselung des Lebens hat freilich auch zur Folge, daß der Mensch über es verfügen und es manipulieren kann. An die Stelle dankbar-staunender Betrachtung tritt der nutzende Zugriff. Die Nutzung des nichtmenschlichen Lebens durch den Menschen ist nicht als solche in Frage zu stellen. Nicht ist dem bloßen Wachsenlassen der »wilden« Natur das Wort zu reden; die kultivierende Gestaltung der Natur ist geeignet, das Leben der Menschen und den Gesamtzusammenhang des Lebens zu fördern. Aber häufig erfolgen Verfügung und nutzender Zugriff ohne hinreichende Rücksichtnahme auf die komplexen Lebensvorgänge und ihre gegenseitigen Abhängigkeiten. Dann entstehen Risse in der feinen Vernetzung des Lebens, wie wir es derzeit bei der Beschädigung verschiedener Ökosysteme erleben. Das Staunen angesichts der Erscheinungen des Lebens darf kein flüchtiges Gefühl bleiben; es muß *gelernt* werden und als bleibende Einstellung zur Welt Handeln und Verhalten bestimmen. Diese Forderung richtet sich im besonderen an Menschen, die in der wissenschaftlich-technischen Arbeit stehen oder an wirtschaftlichen und politischen Entscheidungen beteiligt sind. Vor allem aber muß das Staunenlernen im Bereich von Bildung und Erziehung eine noch stärkere Betonung erhalten.

Es gibt Grund für die Erwartung, daß Menschen, die Leben in der Haltung dankbaren Staunens wahrnehmen, ihm auch mit mehr Achtung und Scheu begegnen. Der Grundsatz der »Ehrfurcht vor dem Leben«, der vor allem mit dem Namen von Albert Schweitzer in Verbindung gebracht wird, ist nicht notwendig ein Gegensatz zum Interesse an der Verwertung nichtmenschlichen Lebens, aber sehr wohl ein Korrektiv und ein Gegengewicht. Dieser Zusammenhang lehrt im übrigen einen Aspekt des im Alten Testament und in vielen Religionen anzutreffenden Opfergedankens neu verstehen: Indem die Erstlinge an Tieren und Pflanzen Gott als Dankopfer dargebracht werden, wird das dankbare Staunen über die Gabe des Lebens wachgehalten und zugleich einer Einstellung gewehrt, welche die Lebensphänomene bloß unter dem Gesichtspunkt der menschlichen Verfügung und Nutzung betrachtet. Ähnliches läßt sich über die Institution des Sabbat bzw. des christlichen Sonntags und das im Alten Testament entfaltete Konzept einer regelmäßigen Brache, Schuldentilgung und Entlassung aus der Schuldknechtschaft (Lev / 3 Mose 25) sagen. Diese Institutionen und Konzepte sind Zeugnisse einer anderen Wahrnehmung von Leben.

2. Die dunklen Seiten und Gottes Treue

So unerläßlich es ist, das Staunen angesichts der Ordnung, Zweckmäßigkeit und Schönheit des Lebens zu lernen und zur Wirkung kommen zu lassen, so wenig darf es bedeuten, daß das Leben romantisiert und verklärt wird. Alles Leben wird in engen Grenzen gelebt. Damit entstehen Konkurrenz, Aggression und der Kampf ums Überleben. Das kreatürliche Leben hat dunkle Seiten. Zu den Signaturen des Lebens gehört der Widerspruch von »sehr guter« Schöpfung und zerstörerischen Kräften, die beim Menschen als Sünde wirksam werden. So steht alles in der Spannung von gutem und gestörtem oder gar zerstörtem, heilem und unheilem Leben.

Endlichkeit und Begrenztheit sind als solche noch nicht Ausdruck des von der Sünde gestörten und entfremdeten Lebens. Die Fähigkeiten und Möglichkeiten der verschiedenen Lebewesen sind durch ihre natürliche Anlage bestimmt und auch beim Menschen nur eingeschränkt zu verändern und auszuweiten. Werden und Vergehen ist ein Grundelement des Lebensprozesses. Das Sterben gehört, wie an den biblischen Aussagen gezeigt wurde (S. 26 f), auch zum menschlichen Leben, bekommt aber unter den Bedingungen dieser Welt den Charakter eines bedrohlichen Übels.

Die bedrohliche Seite des Lebens manifestiert sich abgesehen vom Sterben in vielen weiteren Phänomenen: z. B. extremen klimatischen Erscheinungen, verheerenden Naturkatastrophen, Schädlingen, Krankheitserregern, genetischen Defekten, Schmerzen.

Die Erfahrung der Störungen und Entfremdungen des Lebens kann sich in bedrängender Weise zuspitzen. Für die individuelle Existenz ergeben sich daraus Zweifel am Sinn des Lebens, Lebensüberdruß und Entfremdung von Gott. Die massiven Gefährdungen des Lebens in der Gegenwart haben bei vielen Menschen darüber hinaus die Frage wach werden lassen, ob die Bedrohungen des Lebens auf dem Planeten Erde nicht übermächtig werden, ob darum das kreatürliche Leben auf längere Sicht überhaupt noch eine Zukunft hat.

Zahlreiche Störungen des Lebens bleiben unerklärlich und rätselhaft. In anderen Fällen lassen sie sich aber auch als unmittelbare oder als über mehrere Zwischenglieder vermittelte Folgen böser menschlicher Taten erklären und verstehen. Die zerstörerische Macht der Sünde zeigt sich beim Menschen in Lebensverneinung und Gleichgültigkeit, Haß und Feindseligkeit, vermessener Selbstüberschätzung und Egoismus, letztlich in der Orientierung an selbsterdachten und -bestimmten Maßstäben statt an Gott und seinem Wort des Lebens.

An den dunklen Seiten des Lebens wird erkennbar, daß das kreatürliche Leben auf Erlösung angewiesen ist. Der Glaube vertraut darauf, daß Gott das Werk seiner Hände nicht fahren läßt und daß die von ihm in die Welt eingestiftete Ordnung gegenüber den zerstörerischen Mächten des Chaos standhält. Gerade das Kommen Christi wird im Neuen Testament als ein Ausdruck der Liebe und Treue Gottes zu der von ihm erschaffenen Welt gedeutet: »Gott hat seinen Sohn nicht in die Welt gesandt, damit er die Welt richtet, sondern damit die Welt durch ihn gerettet wird« (Joh 3,17); »er ist das Ja zu allem, was Gott verheißen hat« (2 Kor 1,20). Diese Perspektive kann beim Menschen das Denken, die Liebe, die Phantasie, den tätigen Einsatz und den Willen zum Verzicht aktivieren, um nüchtern, aber beharrlich das Nötige zu tun und darauf hinzuwirken, daß Gottes Schöpfungswelt nicht durch Eingriffe des Menschen zerstört wird, solange der Schöpfer selbst ihr noch Zeit gibt.

3. Der Auftrag des Menschen: Bebauen und Bewahren

Der christliche Glaube sieht in Schöpfungswelt und Leben keine in ihrer Vorgegebenheit unantastbaren Größen. Vielmehr versteht er die Erde als einen Lebensraum, der dem Menschen anvertraut ist, um ihn zu »bebauen« und zu »hüten/bewahren« (Gen/1 Mose 2,15), also ihn in pfleglicher Behandlung zu nutzen, zu kultivieren und zu gestalten. Eingriffe in fremdes Leben sind so zugleich legitimiert und begrenzt.

Damit ist dem Menschen eine Sonderstellung gegenüber der Natur und den anderen Lebewesen eingeräumt und zugemutet. Das entspricht bereits dem phänomenologischen Befund: Der Mensch ist im Vergleich mit höheren Tieren durch seine biologische Antriebsstruktur weniger auf bestimmte Lebensziele festgelegt. Er geht darum nicht in seiner Umwelt auf, sondern schafft sich seine Welt. Die Fähigkeit zu rationaler, vorausschauender Planung und zur sprachlichen Kommunikation spielt dabei eine wichtige Rolle. Im Unterschied zu den anderen Lebewesen kann sich der Mensch zu den ihm schicksalhaft vorgegebenen Bedingungen verhalten, sich ihnen anpassen, aber auch sie umbilden und sich anverwandeln. Im Menschen kommt das ihn umgreifende und übergreifende Leben zu sich selbst; in ihm wird es sich seiner bewußt und erfährt sich als sich selbst überantwortet. Der Vorrang des Menschen, sich zu seinem eigenen und zu allem anderen Leben verhalten zu können, ist der Kern seiner Autonomie, seiner Selbstbestimmung; sie ist nicht absolut, sondern verantwortlich vor Gott auf die Umwelt und Mitwelt bezogen.

Der erste Schöpfungsbericht (Gen/1 Mose 1,28) spricht ebenso wie Psalm 8 ausdrücklich von einer *Herrschafts*stellung des Menschen. Die Formel vom »Bebauen und Bewahren« (Gen/1 Mose 2,15) korrigiert den Herrschaftsgedanken nicht, sondern interpretiert ihn. Das Handeln des Menschen gegenüber der belebten und unbelebten Natur bleibt auch beim Bebauen und Bewahren die Ausübung von Herrschaft. Darum führt es auch in die Irre, das Verhältnis des Menschen zu den anderen Lebewesen als eines der Partnerschaft zu beschreiben. Der Mensch ist in der Ordnung der vorfindlichen Welt (Gen/1 Mose 1–2 mit Gen/1 Mose 9) von Gott ermächtigt worden, die ihm vorgegebene Welt unter Eingriff in fremdes Leben zu bearbeiten und dabei etwa Bäume zu fällen, Holz zu verarbeiten, Verkehrs- und Bewässerungssysteme zu errichten, Tiere zu züchten und abzurichten oder Tiere zu Nahrungszwecken zu schlachten. Technik und Industrialisierung liegen grundsätzlich trotz der damit verbundenen Umgestaltung der Natur durchaus in der Linie der biblischen Beschreibung der Rolle des Menschen in der Schöpfungswelt. Auch der Verstand des Menschen mit seiner Neugier und seinem Erfindungsreichtum ist eine gute Gabe Gottes. Aber er kann auch verkehrt und gegen Gott und das Leben gebraucht werden. Die Versuchung, die Wissenschaft und Technik darstellen, und die geradezu religiöse Überhöhung, die sie immer wieder gefunden haben und finden, erfordern noch eine kritische Auseinandersetzung (siehe im weiteren und unten S. 57–59). Aber die biblische Überlieferung bietet keinen Anhaltspunkt, Wissenschaft und Technik von vornherein unter Verdacht zu stellen oder gar eine Haltung der Wissenschafts- und Technikfeindlichkeit einzunehmen. In den vergangenen Jahrhunderten sind in Wissenschaft und Technik Entdeckungen gemacht und Entwicklungen vorangetrieben worden, die für ungezählte Menschen segensreiche Folgen gehabt haben. Es genügt, in diesem Zusammenhang an die Ablösung körperlicher Schwerstarbeit durch Einsatz von Maschinen, an die Steigerung der landwirtschaftlichen Erträge durch die künstliche Düngung oder an die Überwindung der meisten Seuchen und Epidemien zu erinnern. Auch die gegenwärtigen gravierenden Umweltgefährdungen werden sich nicht gegen Wissenschaft und Technik, sondern nur mit Hilfe der Wissenschaft und einer intelligenteren und umweltschonenderen Technik bewältigen lassen.

Allerdings sind die Herrschaftsaussagen von Gen / 1 Mose 1 und Ps 8 vielfach in die Richtung von Ausbeutung und Unterdrückung der Natur mißdeutet und dieser Auslegung gemäß praktiziert worden. Die Entwicklung von Wissenschaft und Technik hat Instrumente der Machtausübung bereitgestellt, die mit ihren verlockenden Möglichkeiten einen ständigen Anreiz bieten, natürliche Ressourcen zugunsten des Menschen zu verbrauchen bzw. zu verändern. Demgegenüber ist die Formel vom »Bebauen und Bewahren« eine wichtige näherbestimmende Interpretation zur *Art und Weise* der Herrschaft. Diese Herrschaft muß nämlich im Rahmen des Schöpferwirkens Gottes *zugunsten allen Lebens* geschehen, sich also in den Dienst des

Lebens auf der Erde stellen. Darum ist dem Menschen im Umgang mit der natürlichen Welt alles eröffnet zur Fristung und Freude seines Lebens, sofern und solange er die Folgen seines Handelns nach dem Maß menschlicher Einsicht prüft, auch anderen Menschen und den künftigen Generationen die vorgegebene Schöpfungsqualität ihrer Lebenswelt nicht zerstört und dem anderen Lebendigen jetzt und künftig Leben und Lebensmöglichkeit in seinem eigenständigen Daseinsrecht wahrt. Die Tötung außermenschlichen Lebens ist auf die Deckung des Lebensbedarfs und die Abwehr von Gefahren zu beschränken.

Gegenüber der heutigen Lebensweise und technisch-industriellen Produktion und ihren Folgen stellen sich von diesen Kriterien her ernste Anfragen. So haben etwa die Zersiedelung der Landschaft und die Entwicklung des Verkehrs Dimensionen angenommen, die mit erheblichen Eingriffen in die natürliche Umwelt teuer bezahlt und für die Menschen selbst zur drückenden Last werden. Unter den neueren technischen Entwicklungslinien sind es vor allem zwei, auf die sich die Kritik gerade auch vieler Christen richtet: Atomtechnik und Gentechnik. Das mit der Atomtechnik gegebene ungeheure Energiepotential findet seine Parallele in der von der Gentechnik ermöglichten bzw. angestrebten Fähigkeit zu schnellem und gezieltem Eingriff in das Erbgut des Menschen selbst wie des außermenschlichen Lebens. Auch Atomtechnik und Gentechnik sind nicht als solche schlecht. Freilich sind sie, wie zumal die militärische Nutzung der Atomtechnik gezeigt hat, in besonderem Maße gefährdet durch die zerstörerischen Kräfte der Sünde, durch Lebensverachtung, vermessene menschliche Selbstüberschätzung, Machtstreben oder Gewinnsucht.

a) Im Blick auf die zivile Nutzung der *Atomtechnik* zeichnet sich derzeit in der ethischen Bewertung ein breiter werdender Konsens in den Kirchen (und vermutlich über sie hinaus) ab:
 – Die heute eingeführten Techniken der Atomenergiegewinnung sind mit gravierenden sozialen, technischen, ökologischen, gesundheitlichen und militärischen Risiken behaftet. Sie können darum nach dem heutigen Stand der Einsicht nur eine Übergangslösung bei der Energieversorgung der Menschheit darstellen. Noch nicht ausgemacht ist, ob die Entwicklung eines »kleinen« Hochtemperaturreaktors oder andere Entwicklun-

gen in der Energiegewinnung aus Kernspaltung zu einer jedenfalls partiellen Neubewertung des Sachstandes führen.

– In der Kernfusion stecken außerordentliche Möglichkeiten, wobei das Sicherheitsrisiko in bezug auf große Unfälle sehr viel geringer zu sein scheint als bei der Kernspaltung. Die Entwicklung der Kernfusion ist aber äußerst schwierig und langwierig.

– Das Ziel einer Ablösung der Atomenergiegewinnung in ihrer jetzigen Form darf nicht dadurch erreicht werden, daß eine zusätzliche Belastung der Umwelt durch die Verbrennung fossiler Energieträger, d. h. von Kohle, Erdöl und Erdgas, in Kauf genommen wird. Sie belasten durch den Ausstoß von Rauchgasen die Umwelt und die menschliche Gesundheit, insbesondere beschwört die CO_2-Belastung die Gefahr von globalen Klimaveränderungen herauf. Um die dabei drohenden Katastrophen ökologischer, ökonomischer und sozialer Art zu vermeiden, muß nach heutiger Erkenntnis der Verbrauch fossiler Brennstoffe innerhalb weniger Jahrzehnte drastisch reduziert werden. Zur Erreichung dieses Ziels müssen alle vertretbaren Möglichkeiten der Energiegewinnung eingesetzt und die Anstrengungen zu rationeller Energienutzung energisch verstärkt werden. Die erneuerbaren Energiequellen wie Sonne, Wasser und Wind müssen verstärkt erschlossen und ihre Anwendung weiterentwickelt und eingeführt werden, um ihr Potential so weit wie möglich zu nutzen. Der Beitrag dieser Energieform wird freilich nach heutiger Erkenntnis in den nächsten Jahrzehnten relativ begrenzt bleiben.

– Der globale Energieverbrauch ist eng mit dem Problem des Bevölkerungswachstums verbunden. Gegenwärtig leben in den weniger entwickelten Ländern Afrikas, Asiens und Lateinamerikas über 75 % der Weltbevölkerung, im Jahr 2025 werden es über 80 % sein. Gerade wenn der Anstieg des Bevölkerungswachstums gebremst werden soll, wird ein wachsender Energiebedarf bestehen. Denn Bevölkerungswachstum kann langfristig nur eingeschränkt werden, wenn die sozialen Verhältnisse in einem Land so angehoben werden, daß die Sorgen um die Zukunftssicherung abnehmen und der Bildungsstand steigt. Soll der globale Energieverbrauch nicht insgesamt ansteigen, dann kann der wachsende Energiebedarf in den weniger entwickelten Ländern nur gedeckt werden, wenn der Energieverbrauch in den Industrieländern, auf die gegenwärtig etwa 80 % des globalen Energieverbrauchs entfällt, entsprechend gesenkt wird. Dies ist die einzige Perspektive, in der sich die Schaffung von größerer Gerechtigkeit und die Notwendigkeit der Bewahrung der Schöpfung miteinander verbinden lassen.

– Die Summe der zu berücksichtigenden Gesichtspunkte führt zu zwei grundlegenden Einsichten: Die Menschheit lebt gegenwärtig im wesentlichen von Energien, deren Nutzung das menschliche Leben und das Leben insgesamt bedroht. Und: Der verschwenderische Umgang mit Energie stellt eine der größten Herausforderungen der Menschheit dar. An erster Stelle aller energiepolitischen Maßnahmen muß die Reduzierung des Energieverbrauchs stehen. Dazu bedarf es der Veränderung politischer Rahmenbedingungen, der Entwicklung verbesserter Techniken und der Herausbildung eines anderen Lebensstils. Die entscheidende Prüffrage heißt somit: Welche Wege und Maßnahmen sind geeignet, zu einer Reduzierung des Energieverbrauchs beizutragen? Zielvorstellungen über wirtschaftliches Wachstum und die Art des Wirtschaftens überhaupt werden sich zunehmend an den Grenzen verantwortlicher Energiegewinnung orientieren müssen.

b) Im Blick auf die *Gentechnik* hat die ethische Urteilsbildung in den Kirchen erst zu *einem* eindeutigen Ergebnis geführt: Gegenüber dem Projekt einer Gentherapie beim Menschen bestehen prinzipielle Vorbehalte. Gen-Transfer und andere Eingriffe in menschliche Keimzellen, die in Zukunft technisch möglich werden könnten, sind aus ethischen Gründen nicht vertretbar. Sie ließen sich überdies nur entwickeln mit Hilfe von »verbrauchender« bzw. experimenteller Forschung an menschlichen Embryonen, deren kategorische Ablehnung an späterer Stelle (S. 63–65) noch eingehend begründet wird. Auch von der Gefahr eugenischer Tendenzen wird noch die Rede sein (S. 101 f). Die Probleme der Gentechnik im nichtmenschlichen Anwendungsbereich ergeben sich zunächst aus der Geschwindigkeit der stattfindenden Entwicklungen; im Unterschied zu der langsam fortschreitenden Evolution des Lebens verlaufen die durch die Gentechnik und ihre globale Anwendung ausgelösten Veränderungen unverhältnismäßig schnell, sie können nicht oder nur ungenügend an Erfahrungen mit den hervorgerufenen Folgen angepaßt werden und sind darum mit schwer abschätzbaren Risiken verbunden. Gewiß gibt es – etwa für die medizinische Diagnostik oder in der Herstellung von Arzneimitteln – erste beachtliche Ergebnisse und weitere verheißungsvolle Projekte. Der angekündigte bzw. vermutete Nutzen der verschiedenen Projekte zur gentechnischen Veränderung von Mikroorganismen, Pflanzen oder Tieren ist allerdings sorgfältig gegen die möglichen Begleit- und Folgewirkungen abzuwägen. So ist etwa zu fragen: Wird dadurch die notwendige und evolutionär vorteilhafte Vielfalt von Arten nachhaltig beeinträchtigt? Geraten die weniger entwikkelten Länder in eine noch tiefere Abhängigkeit von den hochindustrialisierten und technologisch fortgeschrittensten Ländern? Insgesamt ist mit der Gentechnik in zugespitzter Weise die Frage gestellt: Wie wollen wir leben? Was nötigt uns dazu, die Nebenfolgen einer technischen Entwicklung in Kauf zu nehmen? Was ist das Menschliche am Menschen, das Natürliche an der Natur, das es zu bewahren gilt? Sind wir fähig, auch Verzicht zu üben?

Kirchen und Christen müssen den Dialog mit den Vertretern von Wissenschaft, Technik und Wirtschaft suchen. Ein solcher Dialog wird beiden Seiten neue, bisher unter Umständen vernachlässigte Perspektiven erschließen. Die gesetzlichen und administrativen Möglichkeiten zur Steuerung des wissenschaftlich-technischen Entwicklungsprozesses sind begrenzt. Von besonderem Gewicht sind die ethischen Grundüberzeugungen der in der Forschung und technischen Anwendung tätigen Menschen.

4. Der Eigenwert der Mitgeschöpfe des Menschen

Die Mitgeschöpfe des Menschen dürfen nicht nur und nicht zuerst unter dem Gesichtspunkt des für ihn gegebenen Nutzwerts betrachtet werden. Zwar ist der Mensch legitimiert, pflanzliches und tierisches Leben zu seiner Ernährung, seiner Versorgung und seiner Freude zu gebrauchen und zu verbrauchen. Die Mitgeschöpfe gehen aber in ihrem Nutzwert für den Menschen nicht auf. Die Blume ist nicht allein dazu da, damit der Mensch sich an ihr freut; das Huhn ist keine bloße Eierlegemaschine zur Bereitstellung menschlicher Nahrung; viele Pflanzen und Tiere haben überhaupt keinen erkennbaren und benennbaren unmittelbaren Nutzen für den Menschen. Das pflanzliche und tierische Leben samt den niederen Formen des Lebens hat zunächst einen Nutzwert für andere Lebewesen neben dem Menschen und für den Lebensprozeß insgesamt; schon dies legt dem Menschen bei seinem Umgang mit der Natur Rücksichten auf; er darf sich nicht nur an seinen eigenen Interessen ausrichten, sondern muß die möglichen Auswirkungen auf die Lebensmöglichkeiten anderen Lebens mitbedenken. Vor allem aber haben die Mitgeschöpfe des Menschen unabhängig von ihrem Nutzwert einen Eigenwert, nämlich darin, daß sie auf Gott als den Schöpfer bezogen sind, an seinem Leben Anteil haben und zu seinem Lob bestimmt sind. Einen eigenen Wert und Sinn zu haben bedeutet nicht, daß jedes individuelle Lebewesen oder jede Art erhalten werden müssen. Aber wo der Gedanke des Eigenwerts Anerkennung findet, kann er als Begrenzung und Korrektur dienen gegenüber einer Haltung, der das außermenschliche Leben nichts als Material und Verfügungsmasse in der Hand des Menschen darstellt.

Die Frage des Eigenwertes der Mitgeschöpfe des Menschen spielt auch in die aktuelle Diskussion um die Verankerung des Umweltschutzes im Grundgesetz hinein. Die evangelische und die katholische Kirche haben sich dafür ausgesprochen, in der Formulierung eines Staatsziels Umweltschutz nicht auf die natürlichen Lebensgrundlagen *des Menschen* abzustellen, sondern aus Verantwortung für die Schöpfung umfassender vom Schutz der natürlichen Grundlagen des Lebens oder vom Schutz der Natur und Umwelt zu sprechen. Die Kirchen erneuern und unterstreichen ihr Votum an dieser Stelle. Denn jede den Eigenwert des außermenschlichen Lebens nicht berücksichtigende Formulierung des Staatsziels würde in der Zukunft geradezu als Vorwand dienen können, Eingriffe zu legitimieren, die im Interesse des Menschen und der Wahrung seiner Rechte jeweils für erforderlich gehalten werden, die Schöpfungswelt als ganze in ihrer lebensnotwendigen Vielfalt aber bedrohen. Es ist abwegig, aus dem Standpunkt der Kirchen bzw. den in die gleiche Richtung gehenden Vorschlägen einen Schutzanspruch für jedes einzelne Lebewesen herauszulesen; geschützt werden sollen die Lebensmöglichkeiten für die notwendige Vielfalt von Lebewesen. Bei jeder umweltpolitisch relevanten Entscheidung ist abzuwägen zwischen dem Nutzungsinteresse des Menschen und dem Eigenwert des betroffenen außermenschlichen Lebens; gerade auf die Nötigung zu dieser Abwägung kommt es an.

IV. Die besondere Würde des menschlichen Lebens

1. Der Mensch – das »Bild Gottes«

Die Vorstellung vom Menschen als dem »Bild Gottes« stammt aus dem ersten Schöpfungsbericht der Bibel (Gen/1 Mose 1,26f). Nach der heute vorherrschenden Deutung zielt ihr ursprünglicher Sinn darauf, daß der Mensch für die Schöpfungswelt zum Repräsentanten und Statthalter Gottes eingesetzt ist. Jedoch verbinden sich in der Auslegungsgeschichte von Gen/1 Mose 1,26f und im Denken und Glauben der Kirche mit dem Gedanken der Gottebenbildlichkeit des Menschen weiter gefaßte Inhalte. Die Gottebenbildlichkeit wird darum in der geistigen Welt des Christentums zu einem Zentralbegriff in der Beschreibung der besonderen Würde des menschlichen Lebens. Auch Art. 1 Abs. 1 des Grundgesetzes steht in diesem Traditionszusammenhang: »Die Würde des Menschen ist unantastbar. Sie zu achten und zu schützen ist Verpflichtung aller staatlichen Gewalt.«

Für die inhaltliche Fassung der Gottebenbildlichkeit waren vor allem zwei Interpretationen einflußreich: Im Anschluß an griechisches Denken wurde der Akzent auf die Geistigkeit, die Rationalität und Freiheit des Menschen gelegt und vor allem die Individualität jedes Menschen, der mit einer vernünftigen Seele begabt ist, betont. Für Kant besteht die Würde des Menschen in seiner Fähigkeit zu seiner sittlichen Selbstbestimmung, woraus zugleich folgt, daß der Mensch von keinem, auch nicht von sich selbst, bloß als Mittel gebraucht werden darf und immer auch Zweck an sich bleiben muß. Beide Deutungen enthalten richtige Momente, müssen aber in einen weiteren Zusammenhang gestellt werden:

a) Daß der Mensch und nur er unter allen Lebewesen »Bild Gottes« genannt wird, ist zunächst Ausdruck seines Herausgehobenseins aus der Natur. Dieses Herausgehobensein läßt sich an einzelnen Phänomenen aufweisen: Differenziertheit des organischen Systems, biologische Unspezialisiertheit, Weltoffenheit, Rationalität, Sprache, Bewußtsein, Selbstbestimmung, Gewissen u. a.

b) Die Qualifizierung als »Bild Gottes« gilt nicht allein der menschlichen Gattung, sondern jedem einzelnen Menschen. Individuelle Besonderheit ist ein Wesensmerkmal des Menschseins. Jeder Mensch ist als solcher einmalig, jede mitmenschliche Begegnung eine neue Erfahrung. Diese Einmaligkeit zeigt sich nicht nur in individuellen Merkmalen (Geburtsdatum, Größe, Gewicht, Farbe usw.), sondern etwa auch in den Gedanken und Sorgen, welche sich ein Mensch über seine natürliche und geschichtliche Individualität macht; sie bilden eine je einmalige Innenwelt. Insofern ist jeder Mensch unersetzlich.

c) Theologisch entspricht dem die Sicht, daß jeder einzelne Mensch sich verstehen darf als von Gott geschaffen und gewollt und diese Beziehung zwischen Gott und Mensch ihre Erfüllung gefunden hat in Christus, in dem Gott den Menschen, jeden Menschen unbedingt angenommen hat. So kann man sagen, daß jeder Mensch vor Gott und den Menschen einen eigenen Wert und Sinn besitzt. Diese Auszeichnung des Menschen ist unverlierbar, wie immer der Mensch beschaffen ist und was immer mit ihm geschieht – und sei er in seinen Lebensäußerungen noch so eingeschränkt. Er behält seinen Eigenwert. Alles kommt dann letztlich und entscheidend darauf an, daß im Blick auf jeden Menschen gilt: ›Ich glaube, daß Gott mich und mein Leben will‹ und daß auch in der Begegnung mit anderen jedes Menschenleben als ein eigener Wert und Sinn geachtet wird.

d) Gottebenbildlichkeit beinhaltet schließlich eine besondere Berufung des Menschen. Gott beruft den Menschen in seine Gemeinschaft; er würdigt ihn, sein Gegenüber zu sein, also: in Beziehung auf Gott zu leben, und an seiner Herrlichkeit teilzuhaben. Auch diese Berufung gilt uneingeschränkt jedem menschlichen Wesen und ist nicht an bestimmte Ausprägungen des individuellen Menschseins gebunden.

2. Das unbedingte Lebensrecht jedes einzelnen Menschen

Schon in der biblischen Urgeschichte ist das unbedingte Lebensrecht jedes einzelnen Menschen eine direkte Konsequenz aus seiner Gottebenbildlichkeit (Gen/1 Mose 9,6). Das Leben eines anderen Menschen darf nicht angetastet werden: »Du sollst nicht morden« (Ex/2 Mose 20,13). Die Bibel selbst kennt den Konflikt zwischen dem eigenen Lebensrecht und dem des anderen und trifft darum z. B. für Notwehr oder die Anwendung der Todesstrafe besondere Regelungen; jedoch hat das Gebot zum Schutz anderen menschlichen Lebens, zumal wenn man es im Licht der neutestamentlichen Botschaft liest, eine Tendenz zur Ausweitung und zu strengerer Auslegung.

Auch im Grundgesetz folgt im übrigen auf die Statuierung der Unantastbarkeit der Würde des Menschen die Garantie des Lebensrechts: »Jeder hat das Recht auf die freie Entfaltung seiner Persönlichkeit ... Jeder hat das Recht auf Leben und körperliche Unversehrtheit« (Art. 2).

Von der Sache her ist die Verknüpfung des Gedankens der Gottebenbildlichkeit bzw. der Würde des Menschen mit dem unbedingten Lebensrecht jedes einzelnen Menschen zwingend. Denn mit Gottebenbildlichkeit bzw. Würde des Menschen ist ein prinzipielles Selbstbestimmungsrecht mitgesetzt. Jeder soll zeigen dürfen, daß er *selbst* etwas sein kann, etwas Besonderes, unter seinesgleichen Eigenes. Dann hat aber keiner ein unbeschränktes, eigenmächtiges Recht über den anderen, das nicht spätestens am physischen Leben des anderen endet. Wert oder Unwert eines anderen Menschenlebens entziehen sich auch schlicht unserer Kenntnis. Nur der einzelne selbst kann im Blick auf sein Leben zu bestimmen suchen, was ihm sein Leben lebenswert, wesentlich und fruchtbar macht. Und doch ist jeder ungleich mehr und anderes, als er von sich weiß; er schöpft mit seinem Wissen von sich nie aus, was er für sich und für die anderen ist. Jeder Lebenstag hält Neues, noch Unbekanntes bereit. Folglich hat kein Mensch Recht und Kompetenz, inhaltlich definierend festzulegen, was das Leben eines anderen – oder sein eigenes Leben – ist und ausmacht. Und schon gar kein Recht kann es beanspruchen, an der eigenen Vorstellung vom Wert oder Unwert des Lebens andere messen zu wollen, um ihnen daraufhin gegebenenfalls den Lebenswert, die Qualität zu leben, also das Recht zu leben abzusprechen.

3. Der Mensch als Person: Eine Begriffsklärung

Der theologische Begriff der Person ist im Zusammenhang trinitarischer und christologischer Klärungen zwischen dem 2. und 5. Jahrhundert in Anknüpfung an einen Sprachgebrauch der römischen Antike eingeführt worden und diente ursprünglich zur Präzisierung des Redens über Gott. Sekundär wurde er auf die menschliche Individualität übertragen und ist verschiedentlich zu einem Schlüsselbegriff der theologischen (und auch der philosophischen) Anthropologie ge-

worden. Der Begriff Person ist dabei die in einem einzigen Wort kon-
zentrierte Zusammenfassung dessen, was die christliche Tradition
über das Sein und die Würde des Menschen zu sagen hat, und charak-
terisiert das qualitativ Einmalige des menschlichen Lebens in seinem
Zusammenhang mit dem Leben der Natur wie in seiner Unterschie-
denheit von der übrigen Natur.

Ein so gefaßter Personbegriff enthält im wesentlichen folgende Dimensionen:

a) Person in der Spannung von Vorgegebensein und Aufgegebensein:
   Die menschliche Person ist durch ihre leibliche Verfaßtheit eingebunden in
   das Leben, seine Bedingungen, Gesetzlichkeiten und Rhythmen. Sie ist
   insofern Naturwesen und Kulturwesen. Zu den natürlichen und geschicht-
   lichen Bedingungen kann sich die menschliche Person aber in unterschiedlicher Weise verhalten. Sie ist sich selbst gegeben und aufgegeben.

b) Personalität zwischen Individualität und Sozialität:
   Jeder Mensch ist einmalig. Auf der anderen Seite ist er sowohl natural wie
   personal auf andere Menschen angewiesen und für andere da. Er kann seine
   naturalen Bedürfnisse nur gesellschaftlich befriedigen, und er bedarf personal der Anerkennung durch andere. In-sich-sein und Für-sich-sein ist
   ohne Mit-anderen-sein und Für-andere-sein gar nicht denkbar. Erst in Solidarität und Liebe findet die Person voll zu sich selbst. Das Urbild dieses
   relationalen Personverständnisses ist für die Christen das Dasein Jesu
   Christi für andere.

c) Die unbedingte Würde der menschlichen Person:
   Theologisch gesehen konstituiert die Anerkennung des Menschen durch
   Gott den Menschen als Person. Das mitmenschliche und gesellschaftliche
   Verhalten macht und setzt darum nicht die personale Würde des anderen;
   es anerkennt sie. Daraus ergibt sich eine Reihe von Konsequenzen:
   – Wert und Würde des Menschen bestimmen sich letztlich nicht aus sei-
     nen Funktionen, Leistungen, Verdiensten oder aufgrund bestimmter Ei-
     genschaften, schon gar nicht nach individuellem oder sozialem Nutzen
     und Interesse.
   – Die Person hat einen Vorrang vor Sachen, somit vor Institutionen, wirt-
     schaftlichen Prozessen, Interessen u. a. Menschen dürfen deshalb für
     andere Menschen nie nur Mittel zum Zweck sein.
   – Menschen dürfen nicht in dem Sinn über das Leben anderer Menschen –
     und ihr eigenes Leben – verfügen, daß sie sich zu Herren über Leben oder
     Tod machen.

– Das schließt nicht aus, daß ein Mensch aus freiem Willen sein eigenes
Leben hingibt im Dienst für anderes menschliches Leben und im Dienst
für Gott. Solche frei übernommene Lebenshingabe ist sogar höchste
Erfüllung der Bestimmung des Menschen, Hüter des Lebens zu sein.
Im Dasein für andere findet er das Leben für sich (Lk 9,24; Joh
12,24f).

Auch wenn der Personbegriff heute theologisch, philosophisch und juristisch
verschieden gedeutet wird, so haben die gemachten Sachaussagen auch unabhängig von diesem Begriff eine bleibende Bedeutung. Es kommt auf die Bewahrung des sachlichen Gehalts der Aussagen über den Menschen, weniger
auf den *Begriff* »Person« an.

4. Die Würde des vorgeburtlichen Lebens

Zwischen dem ungeborenen und dem geborenen menschlichen Leben
bestehen fraglos in einer Reihe von Hinsichten Unterschiede. Darum
ist auch die anthropologische und ethische Beurteilung des vorgeburtlichen Lebens strittig. Die Hauptfragen lauten: Gelten die Aussagen über Gottebenbildlichkeit bzw. Würde des Menschen auch für das
vorgeburtliche menschliche Leben? Hat das vorgeburtliche Leben
ethisch gesehen Anspruch auf den gleichen Schutz seines Lebens wie
das geborene menschliche Leben?

a) Die embryologische Forschung hat zu dem eindeutigen Ergebnis
geführt, daß

– von der Verschmelzung von Eizelle und Samenzelle an ein Lebewesen vorliegt, das, wenn es sich entwickelt, gar nichts anderes
werden kann als ein Mensch,

– dieses menschliche Lebewesen von Anfang an individuelles Leben ist und der Fall nachträglicher Zellteilung, die zum Entstehen eineiiger Zwillinge führt, diesen grundlegenden Sachver-
halt nicht aufhebt,

– der weitere Entwicklungsprozeß einen kontinuierlichen Vorgang darstellt und keine einsichtig zu machenden Einschnitte
aufweist, an denen etwas Neues hinzukommt.

Beim vorgeburtlichen Leben handelt es sich somit nicht etwa bloß
um rein vegetatives Leben, sondern um individuelles menschliches
Leben, das als menschliches Leben immer ein werdendes ist. Es

kann darum auch nicht strittig sein, daß ihm bereits ein schutzwürdiger Status zukommt und es nicht zum willkürlichen Objekt von Manipulationen gemacht werden darf.

b) Richtig ist, daß das noch nicht geborene Kind in spezifischer Weise von einem bestimmten Menschen, der das Kind austragenden Frau, abhängig ist. Es ist jedoch damit nicht Teil der Frau, sondern ein eigenständiges anderes menschliches Wesen. Nur weil das ungeborene Kind ein anderes menschliches Individuum ist, das jetzt in der Schwangerschaft und künftig nach der Geburt Aufgaben stellt und Verantwortungspflichten auferlegt, stellt sich überhaupt das Problem der Abtreibung.

c) Richtig ist auch, daß die Geburt für Eigenständigkeit und Selbstbestimmung des Kindes eine hervorgehobene Bedeutung hat. Das noch nicht geborene Kind ist in seiner Eigenständigkeit noch nicht erprobt; noch konnte es sich nicht zeigen in dem, was es ist. Erst mit der Geburt vermag sich das Kind für viele andere wahrnehmbar als ein Eigenwesen zu verhalten, das aus sich zu leben beginnt und also nicht mehr gänzlich von seiner Mutter abhängig ist. Jedoch unterscheiden sich die vorgeburtliche Phase und der erste Lebensabschnitt des geborenen Kindes im Blick auf Eigenständigkeit und Selbstbestimmung lediglich graduell. Die Anlage zur uneingeschränkten Ausübung des Menschseins ist im vorgeburtlichen Leben von Anfang an enthalten und entfaltet sich in einem Prozeß, der auch mit der Geburt keineswegs abgeschlossen ist.

d) So gibt es keinen Grund, die Aussagen über Gottebenbildlichkeit bzw. Würde des Menschen nicht auch auf das vorgeburtliche menschliche Leben zu beziehen oder ihm den Anspruch gleichen Schutzes wie für das geborene Leben zu verweigern. Aus theologischer Perspektive ist überdies festzuhalten: Jedes menschliche Leben erhält einen eigenen Wert und Sinn, indem Gott es schafft, ruft, achtet und liebt; der Mensch hat eine unverlierbare Würde, weil Gott ihn berufen hat, sein Gegenüber zu sein, und ihn in Jesus Christus unbedingt angenommen hat; ungeborene Kinder sind dabei mitgemeint (vgl. Ijob/Hiob 31,15; Ps 139,13–16; Jer 1,5). Gottes Annahme des ungeborenen menschlichen Lebens verleiht ihm menschliche Würde. Daraus folgt die Verpflichtung, daß auch die Menschen das ungeborene menschliche Leben annehmen und ihm den Schutz gewähren sollen, der der menschlichen Person gebührt.

e) Was theoretisch als richtig und wahr erkannt ist, muß freilich unter den Menschen erfahren und in den Konsequenzen gelebt und praktiziert werden. Hier liegen gegenwärtig die Hauptprobleme:

– In der Sprache drückt sich eine bestimmte Deutung der Wirklichkeit aus. Geburt heißt in der deutschen Sprache auch: »zur Welt bringen«. In bestimmter Hinsicht ist es richtig, daß die »Welt« des Embryo der Leib der Mutter ist und das Kind erst durch die Geburt in eine offenkundige Verbindung mit der Welt im weiteren Sinne, also mit anderen Menschen und den äußeren Lebensbedingungen gebracht wird. Nur kann der Ausdruck »zur Welt bringen« den fragwürdigen Eindruck erwecken, das vorgeburtliche Leben sei noch gar nicht »auf der Welt«. Wir sprechen im Blick auf das geborene Kind von ersten *Lebens*monaten oder *Lebens*jahren – als ob die vorgeburtliche Phase noch nicht wirklich zum Leben gehörte. So sind wir auf der Ebene der Sprache in einer unzulänglichen Deutung der Wirklichkeit befangen; sie läßt sich aber nicht mit einem einmaligen Willensakt, sondern nur langfristig verändern.

– Es ist ein Unterschied, wie das Menschsein des Embryo auf der theoretischen Ebene erfaßt und beschrieben und wie es im Lebensvorgang wahrgenommen und erlebt wird. Diese Wahrnehmung ist abhängig vom Stadium der Schwangerschaft und von der Einstellung der Mutter, des Vaters oder des Betrachters. In den ersten Lebenswochen und -monaten macht sich der Embryo kaum als eigenständiges neues Leben bemerkbar; neue medizinische Verfahren wie die Ultraschallaufnahme haben in dieser Beziehung erst in jüngerer Zeit einen Wandel angebahnt. Die Intensität des Erlebens und Wahrnehmens hängt im übrigen mit der Einstellung zu dem ungeborenen Kind zusammen; der Wunsch nach einem Kind etwa hilft der Wahrnehmung. Ohne daß die Wahrnehmbarkeit zu einem Kriterium der Schutzwürdigkeit werden kann, läßt sich gleichwohl formulieren: Das ungeborene menschliche Leben *wird* immer besser *wahrnehmbar* als das, *was es ist*.

– Psychologisch betrachtet ist die Schwelle zur Tötung gegenüber dem ungeborenen menschlichen Leben faktisch niedriger als im Falle der Tötung bereits geborenen oder herangewachsenen Lebens: zum einen, weil man sich beim ungeborenen menschlichen Leben weithin nicht vorstellt, daß man ein Menschenleben tötet, zum anderen, weil der Umfang seiner Schutzwürdigkeit in Vergangenheit und Gegenwart immer strittig war. Abtreibung war und ist eine gesellschaftliche Realität und eine mehr oder minder leicht zugängliche Möglichkeit. Dies rechtfertigt sie nicht, stellt aber eine der Schwierigkeiten dar, von der Einsicht in das richtige Handeln zu einer allgemein gelebten Praxis zu kommen.

f) Aus diesen Überlegungen folgt der Auftrag, das ungeborene menschliche Leben zu achten und zu schützen. Der Schutz des Lebens ist nicht nur eine individuelle, sondern eine solidarische und öffentliche Aufgabe und damit auch eine der Rechtsordnung. Ziel alles staatlichen Handelns muß es sein, den Schutz und die Förderung des ungeborenen wie des geborenen menschlichen Lebens zu verbessern und das allgemeine Bewußtsein von der Unverfügbarkeit anderen menschlichen Lebens auch im vorgeburtlichen Stadium zu verstärken.

5. Die Würde des durch Krankheit, Behinderung und Tod gezeichneten Lebens

Auch das durch Krankheit, Behinderung oder Tod gezeichnete Leben hat als menschliches Leben eine unverlierbare Würde. Selbst schwerwiegende Beeinträchtigungen des Lebensvollzugs, vollständige Hilflosigkeit und ein hoher Aufwand an Pflege und Betreuung können es unter keinen Umständen rechtfertigen, den betroffenen Menschen die Würde abzusprechen oder ihre Würde als eingeschränkt anzusehen. Dies ausdrücklich festzustellen erscheint angesichts der in Deutschland unter völlig unverantwortlichen und verwerflichen Schlagworten wie »lebensunwertes Leben« oder »Ballastexistenzen« begangenen Verbrechen nach wie vor dringend nötig. Gegenwärtig gibt es Anzeichen für das erneute Aufkommen des Ungeistes, »lebensunwertes« von »lebenswertem« oder »wertvollem« Leben unterscheiden zu wollen. Demgegenüber sagen wir mit aller Entschiedenheit: Jeder Mensch, wie immer er ist, gesund oder krank, mit hoher oder mit geringer Lebenserwartung, produktiv oder eine Belastung darstellend, ist und bleibt »Bild Gottes«. Die Überzeugung, daß letztlich nicht eigene Qualitäten, sondern Gottes Annahme und Berufung dem Menschen Gottebenbildlichkeit und damit seine Würde verleihen, muß sich gerade gegenüber dem kranken, behinderten und sterbenden Leben bewähren. Alles andere ist Götzendienst gegenüber dem Vitalen, Starken und Leistungsfähigen.

Die Würde des durch Krankheit, Behinderung oder Tod gezeichneten Lebens ist allerdings praktisch weniger durch die radikale Infragestellung seines Lebensrechts als vielmehr durch Fremdbestimmung und Entmündigung bedroht. So kommt es bei der medizinischen Behandlung schwerkranker und alter Menschen nicht selten zu Ergebnissen, bei denen bleibende und gravierende körperliche Defekte in Kauf genommen werden. Eine medizinische Behandlung muß immer im wohlverstandenen Interesse des Patienten liegen; dieses wohlverstandene Interesse ist ein menschenwürdiges Weiterleben; wo ein Eingriff keine Besserung verspricht, soll er unterbleiben. Die Behandlung muß auf Lebensverlängerung, nicht auf Sterbeverlängerung zielen. Die Menschenwürde erfordert es, wo es möglich ist, den Wunsch des betroffenen Patienten zu berücksichtigen. Eine Verletzung der Menschenwürde liegt auch da vor, wo Angehörige und Pflegepersonal alles tun, um den Gedanken an das bevorstehende Sterben nicht aufkommen zu lassen. Die Fragen nach einem der Menschenwürde entsprechenden Umgang mit behindertem oder sterbendem Leben werden an einer späteren Stelle (S. 90ff, 105ff) noch einmal aufgenommen.

6. Das Leben anderer Menschen als Segen

In allen Religionen bedeutet Segen Lebensbereicherung, Lebensfülle. Für die Bibel ist Segen allerdings keine selbständige Macht, sondern dem Wirken Gottes zu- und untergeordnet. Das bedeutet: Segen entzieht sich menschlicher Verfügung. Segen kann intendiert, aber nicht garantiert werden. Segen kommt gelegentlich überraschend, wider alle Erwartung. Daß etwas ein Segen war, wird oft erst im Rückblick erkennbar.

Das Gesagte gilt nicht zuletzt für den Segen, den das Leben anderer Menschen bewirken und bedeuten kann. In zwei besonderen Hinsichten ist dies noch näher zu beschreiben:

a) Kranke, Behinderte, Alte als Segen

Das Leben kranker, behinderter oder alter Menschen erscheint auf den ersten Blick vielfach nur als Belastung und Erschwerung. Diese Erfahrung darf nicht unterdrückt werden. Aber auch in ihrem Leben steckt oft ein verborgener Segen für andere Menschen. Wer sich von dem Vertrauen leiten läßt, daß Gott auch Last in Segen wandeln kann, bekommt sehendere Augen für diesen verborgenen Segen. So berichten viele Menschen, daß Besuche bei Kranken und Alten bei ihnen Lebenskraft und Lebensmut geweckt haben. Die Konfrontation mit Krankheit und Behinderung kann dazu beitragen, die eigene Gesundheit bewußter wahrzunehmen und sich ihrer dankbar zu freuen. Die naive Lebensfreude geistig behinderter Menschen kann als kritischer Kontrast zur Griesgrämigkeit und Lebensverdrossenheit von Menschen wirken, die im Vollbesitz ihrer körperlichen und geistigen Kräfte sind.

b) Kinder als Segen

Die große Kinderzahl (»Kindersegen«) in früheren Zeiten entsprang in vielen Fällen der Notwendigkeit, Leben und Auskommen zu sichern: Mithelfende waren erforderlich, die Altersversorgung mußte gewährleistet werden. Der gesellschaftliche Wandel hat hier zu tiefgreifenden Veränderungen geführt. Aus der ökonomischen Perspektive des einzelnen bzw. des einzelnen Paares sind Kinder nicht mehr nötig – was sich aus der gesamtgesellschaftlichen Perspektive angesichts der Probleme von Zukunfts- und Alterssicherung freilich wiederum ganz anders darstellt. In der individuellen Betrachtung werden in unserem Land Kinder heute oft eher als Einschränkung empfunden. Der Erziehungsprozeß wird intensiv reflektiert; Eltern sehen sich auf diesem Feld darum größeren Anforderungen ausgesetzt. Eine fundamentale Lebens- und Zukunftsangst läßt manche erklärtermaßen auf Kinder verzichten. Der Gesellschaft der Bundesrepublik Deutschland wird verschiedentlich eine ausgeprägte Kinderfeindlichkeit vorgeworfen. Das negative Extrem sind die erschreckenden Daten über Gewalt gegen Kinder.

Nun ist gar nicht zu bestreiten, daß Kinder auch Mühe machen und Belastungen mit sich bringen. Unerläuterte Formeln wie »Kinder als Segen« oder »Freude am Kind« wirken manchmal naiv. Hinter ihnen steht jedoch eine tiefe Lebenserfahrung. Darum brauchen sie keineswegs den Blick dafür zu verstellen, daß manche Kinder ihren Eltern große Sorgen bereiten. Im Alltag können Kinder eine starke Beanspruchung sein. Aber solchen Belastungen stehen vielfältige Erfahrungen von Glück und Bereicherung gegenüber, und darum besteht kein Grund, die Freude an Kindern zu verlieren. Jedes Kind ist ein neu aufbrechender Sinn von Welt und Leben, zugleich für andere die Probe auf Offenheit und die Bereitschaft für das immer Neue des Lebens. Es gibt der Lebensgemeinschaft zweier Menschen eine ganz neue Dimension, ein neues Feld *gemeinsamer* Sorge und Liebe. Kinder und Jugendliche suchen neue Wege, stellen das Gewohnte in Frage und bedeuten darin für Eltern und Gesellschaft die Herausforderung, das Vertrautgewordene zu überprüfen und Verkrustungen des eigenen Denkens und Verhaltens zu überwinden. Die Einsicht, daß Kinder in dieser Weise lebensnotwendig und lebensbereichernd sind, muß sich auswirken auf den Umgang mit ihnen. Damit ist nicht gemeint, sie in den Mittelpunkt zu rücken, das Familienleben allein auf sie abzustellen, in ihrem Leben das eigene Erfolgs- und Glücksbedürfnis zu befriedigen und die Kinder selbst auf diese Weise zu überfordern. Aber Kinder brauchen Verständnis und Aufgeschlossenheit, damit sie als Segen erlebt werden können. Dies gilt für das Verhalten in Alltagssituationen ebenso wie für die in Gesellschaft und Politik, beispielsweise auf dem Wohnungssektor, angewandten Maßstäbe.

7. Zumutbarkeit und Erträglichkeit von Belastungen

Würde und Lebensrecht eines anderen Menschen stehen unter keinen Umständen zur Disposition. Dieser Grundsatz beschreibt einen Anspruch an das Zusammenleben von Menschen und an die Verantwortung jedes einzelnen für die mit ihm verbundenen Menschen. Doch Würde und Lebensrecht eines anderen Menschen müssen gelebt und praktiziert werden, sie müssen ihm eingeräumt und für ihn geschützt werden. In dieser Perspektive kommen die Belastungen in Blick, die mit der Verantwortung für andere Menschen einhergehen können: Ich kann mich körperlich und seelisch überfordert fühlen; der andere Mensch kann mir unerträglich werden; es gibt Fälle, in denen die Pflege eines schwerkranken Menschen die Pflegenden verschlingt und den geheimen oder offenen Wunsch nach dem Tod des als Last empfundenen Menschen weckt; hier stellt sich für den Beobachter wie für die Beteiligten häufig die Frage, ob die Grenzen der Zumutbarkeit nicht erreicht oder überschritten sind.

Der Mensch stößt ständig – nicht nur in Extremsituationen und gerade auch im Wollen des Guten – an Grenzen und muß Wege finden, sich ihnen gegenüber zu verhalten. Er kann seine Grenzen erweitern, er kann Hilfen annehmen, er kann auch kapitulieren. Menschen, die an die Grenze des für sie Zumutbaren und Erträglichen zu stoßen glauben, und diejenigen Menschen, die sie in dieser Situation begleiten, sollten auch die Erfahrung durchgestandener Schwierigkeiten vor Augen haben. Die schnelle Kapitulation vor Belastungen verhindert es, überhaupt bis zu dieser Erfahrung durchzudringen. Auch sollte für die Möglichkeit Raum gelassen werden, daß jemand mit einer Herausforderung wachsen kann. Besonders anhand aktueller Herausforderungen kann man lernen und sich weiterentwickeln; dabei machen Menschen nicht selten die überraschende Entdeckung, daß sie sich mehr zumuten können, als sie zunächst vermuteten. Auch kann die Konfrontation mit Belastungen und mit der Frage, wie und wie weit ihnen standzuhalten sei, zur Überprüfung und Korrektur bisheriger Ansprüche und Maßstäbe führen. Für viele Glaubende hat sich in Belastungssituationen die Verheißung als wahr erwiesen: »Gott legt uns eine Last auf, aber er hilft uns auch« (Ps 68,20f in der Fassung der Lutherbibel).

Für die Festlegung der Grenze von Zumutbarkeit und Erträglichkeit gibt es über die beschriebenen Gesichtspunkte hinaus keine generell anwendbaren Maßstäbe. Festzuhalten ist, daß die Verbundenheit mit anderen Menschen auch Verantwortung für sie auferlegt und den Verzicht auf die umfassende Durchsetzung individueller Glückserwartung gebieten kann. Ein jüdisches Sprichwort lautet: »Gefährten oder Tod«; die Menschen können nur bestehen, wenn einer dem anderen die Hand reicht. So gilt auch auf dem Boden christlicher Lebensgestaltung: Die Grenze des Zumutbaren und Erträglichen ist so weit wie irgend möglich hinauszuschieben; was zumutbar ist, ist so gut und so tief wie möglich auszuloten. Wie weit Zumutbarkeit und Erträglichkeit aber konkret reichen, ist von vielen individuellen und lebensgeschichtlichen Faktoren abhängig. Was einem Menschen möglich ist, darf nicht automatisch auch einem anderen abverlangt werden. Das Ausloten des individuell Zumutbaren und Erträglichen ist im übrigen ein Prozeß, der Zeit braucht; die Besonderheit und Zugespitztheit z. B. der Situation des Schwangerschaftskonflikts liegt unter anderem darin, daß sehr wenig Zeit ist, um die Grenze zu erkennen.

Der Gesichtspunkt der Zumutbarkeit und Erträglichkeit von Belastungen kann niemals Argument oder gar Legitimation dafür sein, Würde und Lebensrecht eines anderen Menschen nicht länger zu respektieren. Wo Belastungen individuell oder innerhalb der Familie nicht mehr aufzufangen sind, stellt sich die Aufgabe, auf der mitmenschlichen, nachbarschaftlichen, kirchlichen und gesellschaftlichen Ebene Hilfe und Ausgleich zu schaffen. Die Erörterung der Zumutbarkeit und Erträglichkeit von Belastungen hat aber die Funktion, sensibel zu machen für die Erfahrung, daß Menschen an die Grenze des für sie Aushaltbaren stoßen. Aus der Einfühlung in diese Erfahrung erwächst auch eine verständnisvolle und barmherzige Reaktion auf Handlungskonsequenzen, die in einer als ausweglos empfundenen Lage in nicht zu billigender Weise Würde und Lebensrecht eines anderen Menschen verletzen. Jeder Mensch sieht sich gelegentlich mit der bedrängenden Frage konfrontiert: Wieviel Leid und wieviel Beeinträchtigung bin ich zu tragen bereit und zu tragen fähig?

8. Unvorhersehbarkeit als Teil des Lebens

Zum menschlichen Leben gehört das Unverfügbare, Unvorhergesehene. In der sprichwörtlichen Redensart heißt es: Es kommt anders, als man denkt. Ereignisse treten überraschend ein; wir sind nicht auf sie eingestellt; sie treffen uns unvorbereitet. Unvorhergesehenes gehört zum Reiz des Lebens; ohne Überraschungen wäre das Leben langweilig. Aber zum Unvorhergesehenen gehören nicht minder das Eintreten einer ungewollten Schwangerschaft oder die plötzliche Pflegebedürftigkeit der alten Eltern. Das menschliche Leben wird in starkem Maße von den unvorhergesehenen Widerfahrnissen, nicht nur von den absichtsgeleiteten Handlungen bestimmt.

Es ist allerdings zu unterscheiden zwischen Widerfahrnissen, die zur Dimension des prinzipiell Unvorsehbaren gehören, und solchen Widerfahrnissen, die zwar vorhersehbar sind, aber gleichwohl aus Leichtfertigkeit, Nachlässigkeit oder beabsichtigter Passivität nicht vorhergesehen wurden. Sich auf das mögliche Eintreten von Ereignissen vorweg einzustellen ist Ausdruck eines verantwortlichen Handelns. Auf dem Gebiet der wissenschaftlich-technischen Entwicklung und der Technologiepolitik gilt es heute aus gutem Grund als unverantwortlich, die Folgen bestimmter Entscheidungen und Schritte nicht vorauszubedenken. Je größer der Verantwortungsbereich ist, um so unerläßlicher ist eine gründliche Planung. Für den individuellen und persönlichen Bereich gilt Entsprechendes: Es zählt zum vernünftigen und erwünschten Handeln, Vorsorge zu treffen, Versicherungen abzuschließen, das Leben zu planen.

Trotz aller Planung und Vorsorge tritt freilich Unvorhergesehenes ein: eben weil nicht alles planbar ist oder weil die Planung nicht erfolgreich war. Dann kann das Leben nur gelingen, wenn es offen ist, auch das Zufällige und Nicht-Erwartete anzunehmen. Zu gelingendem Leben gehört die Fähigkeit, zu Überraschungen Ja sagen zu können. Als Christen sehen wir in solchen Überraschungen eine Erinnerung daran, daß Gott aus allem, auch aus Bösem, Gutes entstehen lassen kann und will: »Wir wissen, daß Gott bei denen, die ihn lieben, alles zum Guten führt« (Röm 8,28). Alles vorhersehen, planen und sich gegen alle Risiken absichern zu wollen ist Ausdruck von Angst und Vermessenheit zugleich. Mut und Stärke zeigt hingegen, wer wagt, sich auf das Leben mit seinen überraschenden Wendungen und damit auf Gott einzulassen. Die Wendungen des Lebens können schmerzlich sein und den Charakter einer unabsehbar bedrohlichen Belastung haben: Ein Unfall kann zu einer schweren körperlichen Behinderung führen; für die Frau, die vom Schwangerwerden überrascht wird, ist unter Umständen das entstehende Kind zunächst *die* große Störung; die pränatale Diagnostik kann zu dem Ergebnis führen, daß das erwartete Kind gesundheitlich geschädigt ist. Unter solchen Umständen fällt das Ja zum Leben schwer. Möglich wird es aber aus der Erfahrung, der Einsicht und dem Vertrauen, daß ein gelungenes, sinnvolles Leben nicht allein von Gesundheit und erfüllten Glückserwartungen abhängig ist und Gott die Last in Segen wandeln kann.

V. Bereiche besonderer Verantwortung für den Schutz des Lebens

Das Leben ist uns allen anvertraut. Jede Frau und jeder Mann, die verschiedenen gesellschaftlichen Gruppen, nicht zuletzt auch die Kirchen können an ihrem Ort und im Maße ihrer Möglichkeiten zu einem wirksamen Schutz des Lebens beitragen. Vor diesem Hintergrund sollen in Kürze einige Bereiche hervorgehoben werden, in denen die Verantwortung für den Schutz des Lebens heute in besonderer Weise herausgefordert ist.

1. Erziehung

Die Gabe des Lebens läßt sich vom Menschen nur wirkungsvoll bewahren, wenn die Schutzwürdigkeit und die Schutzbedürftigkeit dieser Gabe erkannt und auf der Grundlage einer so gebildeten Einstellung dann im Handeln respektiert werden. Darum muß Erziehung – heute erst recht – Hinführung zur Achtung vor dem Leben und zur

Bejahung des Lebens, auch des eigenen, sein. Es ist richtig: Viele Gefährdungen des Lebens resultieren aus Entwicklungen und Faktoren, denen sich einzelne ohnmächtig ausgeliefert sehen. Tendenzen der neuzeitlichen wissenschaftlich-technischen Zivilisation, wirtschaftliche Interessen oder Strömungen des Zeitgeistes erscheinen und sind oft mächtiger als der subjektive Wille und die subjektive Fähigkeit, die Unverfügbarkeit jedes menschlichen Lebens und die natürlichen Grundlagen des Lebens insgesamt zu respektieren. Gleichwohl – auch diese überindividuellen Entwicklungen und Faktoren entstehen aus den Einstellungen der an ihnen beteiligten Menschen und verändern sich mit ihnen. So ist der Schutz des Lebens in besonderem Maße auf die Kräfte angewiesen, die in der Erziehung gebildet und freigesetzt werden.

Erziehung zur Achtung vor dem Leben und zur Bejahung des Lebens beginnt bei der Anleitung, das Wunder des Lebens vertieft wahrzunehmen. Es war schon davon die Rede (S. 28–30), daß das Staunen über die Ordnung, innere Zweckmäßigkeit und Schönheit der Gabe des Lebens kein flüchtiges Gefühl bleiben darf, sondern gelernt werden muß. Erziehung hat in diesem Zusammenhang die Aufgabe, den Grund zu legen für eine Einstellung, die dem Leben mit Dankbarkeit, Ehrfurcht und Barmherzigkeit begegnet. Das schließt ein, verzichten zu lernen, um Leben zu erhalten. Darüber hinaus wird die Erziehung immer auch in altersgemäßer Weise die Konflikte aufgreifen und bearbeiten müssen, in denen die Konsequenzen aus der Verpflichtung, Leben zu schützen, strittig sind. Weil die Fragen des Schutzes des Lebens unweigerlich in Auseinandersetzungen hineinführen, dürfen schließlich in einer Erziehung zur Achtung vor dem Leben Mut und Zivilcourage als Erziehungsziele nicht fehlen. Eine lebensfreundliche und lebensbewahrende innere Einstellung nützt solange wenig, wie es an der Fähigkeit mangelt, Streit zu führen, Konflikte durchzustehen und auch persönliche Opfer auf sich zu nehmen.

Das Feld einer Erziehung zur Achtung vor dem Leben ist weit. Grundlegend ist die erzieherische Arbeit der Familie. In zunehmendem Maße wird es dabei wichtig, aus der Fülle der Möglichkeiten (z. B. Kinder- und Jugendbücher, Medien, Spiel- und Freizeitangebote, Museen) eine überlegte Auswahl zu treffen. Hilfreich sind alle Bemühungen, Kindern, besonders aus dem städtischen Raum, neue

Zugänge zu den kreatürlichen Lebensvorgängen zu schaffen und dabei ihre Wahrnehmungsfähigkeit zu schärfen. Gerade den Kirchen, die in Kindergärten, kirchlichem Unterricht, Jugendarbeit und Erwachsenenbildung, aber auch im Gottesdienst vielfältige Einflußmöglichkeiten besitzen, fällt für die Erziehung zur Achtung vor dem Leben eine besondere Verantwortung zu. Solche Erziehung ist immer zugleich Gewissensbildung. Die Christen sind in ihrem Erziehungshandeln von der Überzeugung geleitet, daß das menschliche Gewissen auf Gottes Schöpferwillen und seine Verheißung bezogen ist.

2. Medien

Die Druckmedien und vor allem die elektronischen Medien haben in unserer Gesellschaft eine wachsende Bedeutung. Fernsehsendungen erreichen häufig ein Millionenpublikum. Um so verantwortungsvoller muß die Tätigkeit der Menschen sein, die Druckerzeugnisse und Sendungen der elektronischen Medien vorbereiten. Es gibt zahlreiche Beispiele, daß eine engagierte und kritische Berichterstattung Gefährdungen des Lebens aufgedeckt und wirksame Maßnahmen zum Schutz des Lebens vorangebracht hat.

Daneben stehen allerdings höchst bedenkliche Beispiele dafür, wie Sensationsberichterstattung und die Befriedigung des Interesses an Nervenkitzel und »spannender« Unterhaltung lebensfeindlichen Kräften und Tendenzen Auftrieb geben. Zumal die Konkurrenz unter den verschiedenen Anbietern erweist sich als eine Versuchung, kommerziellen Erfolg auch um den Preis der Sachgemäßheit der Darstellung und der Achtung vor der Würde des Menschen anzustreben.

Wer Sendungen in den elektronischen Medien oder Beiträge in den Druckmedien herstellt und verbreitet, steht in der Verantwortung, sich sorgfältig Rechenschaft darüber zu geben, was dadurch in den Köpfen und Herzen vor allem von Jugendlichen und labilen Menschen ausgelöst werden kann.

Was die Medien anbieten, spiegelt im übrigen auch wider, wonach Benutzer und Konsumenten verlangen. Die Verantwortung für das, was im Medienbereich zur Verstärkung oder zur Schwächung des Schutzes des Lebens geschieht, muß somit von allen erkannt und getragen werden, die gestaltend oder nutzend beteiligt sind. Dazu gehört es auch, gegenüber Sendeanstalten, Verlagen oder Autoren nicht zu schweigen, wenn in einem Medienbeitrag lebensfeindliche Tendenzen erkennbar sind.

3. Rechtsordnung

Die Rechtsordnung hat für das Zusammenleben der Menschen eine unverzichtbare Bedeutung. Ihre Grundfunktion besteht darin, Leben zu schützen. Wir leben in einem Staat, der nach den Erfahrungen der Perversion des Rechts als demokratischer Rechtsstaat errichtet worden ist, und haben Grund, die Verfassung dieses Staates, die seine demokratische Organisation und die rechtsstaatlichen Verfahrensgarantien gewährleistet, dankbar anzuerkennen und für die Wahrung der geltenden Rechtsordnung einzutreten.

Die Bundesrepublik Deutschland ist ein weltanschaulich neutraler, aber kein wertneutraler Staat. Das Grundgesetz verpflichtet den Staat und alle seine Organe auf normative Grundsätze, in deren Mittelpunkt die Würde des Menschen steht. Unsere Rechtsordnung bekennt sich damit zu den unveräußerlichen Menschenrechten. Die weltanschauliche Neutralität des Staates bedeutet, daß die Wertordnung der Verfassung von den Bürgern auf unterschiedliche Weise religiös und weltanschaulich begründet werden kann. Deshalb können sittliche Grundsätze, die sich aus dem christlichen Glauben ergeben und für uns als Christen verbindlich sind, nicht ohne weiteres den Staat und seine Rechtsordnung verpflichten. Als Christen müssen wir uns vielmehr auf die allgemeinen Rechtsgrundsätze und auf die konkreten Vorschriften unserer Rechtsordnung stützen, aber zugleich argumentativ für unsere Grundsätze eintreten, um sie nach Möglichkeit konsensfähig zu machen.

In der gegenwärtigen Situation zeigt sich, daß zwischen den Folgerungen aus unserem Glauben einerseits und den Vorschriften der staatlichen Rechtsordnung andererseits in vielen Fragen eine Deckungsgleichheit besteht. Deshalb können Christen und Nichtchristen, auch wenn sie von unterschiedlichen Grundauffassungen her denken und leben, in unserem Staat weite Wegstrecken miteinander gehen.

Wir dürfen allerdings nicht aus dem Auge verlieren, daß staatliche Regelungen sowohl mit allgemeinen Rechtsgrundsätzen als auch mit den aus unserem Glauben gewonnenen sittlichen Prinzipien in Widerspruch treten *können*. Ein Beispiel dafür ist die staatlich angeordnete Ermordung sogenannten »lebensunwerten Lebens« unter der Herrschaft des Nationalsozialismus; damals sind Christen, allerdings zu wenige, dem staatlichen Handeln unter Hinweis sowohl auf Gottes Gebot als auch auf allgemeingültige Rechtsgrundsätze entgegengetreten.

Unser Staat muß seiner Verpflichtung zum Schutz des Lebens mit allen ihm zur Verfügung stehenden Mitteln nachkommen. Es ist eine vornehme und wahrhaft humane Pflicht aller staatlichen Organe – der Gesetzgebung, der Rechtsprechung und der Verwaltung auf allen Ebenen –, sich schützend vor das Leben zu stellen und zu einem Klima beizutragen, in dem das menschliche Leben als oberstes Rechtsgut begriffen und bejaht wird. Wenn der entscheidende Kern unserer verfassungsmäßigen Ordnung ernstgenommen wird, ist es das Ziel aller staatlichen Tätigkeit, immer bessere Voraussetzungen für ein menschenwürdiges Leben zu schaffen. Hier sind in besonderem Maße Erfindungsreichtum und Phantasie gefragt.

Die bindende Verpflichtung des Staates zum Schutz des Lebens ist auf allen Rechtsgebieten, namentlich dem Zivil-, Sozial- und Steuerrecht, zu erfüllen. Der Staat darf auch auf das Strafrecht als eines der rechtlichen Instrumente nicht verzichten. Dem Schutz des Lebens dienen auch Rechtsvorschriften, die den Behörden und den Bürgern ein bestimmtes Handeln auferlegen oder untersagen. Wir sind zur Bewahrung des Lebens auf einen wirksamen Rechtsschutz angewiesen – im Blick auf die Umwelt ebenso wie im Blick auf das geborene und ungeborene menschliche Leben.

4. Forschung, Technik, Wirtschaft

Um neue Wege zu einem verbesserten und wirksameren Schutz des Lebens zu erkunden, ist *Forschung* notwendig. So einleuchtend dieser Grundsatz ist, so schwerwiegend sind die Probleme, die sich im Einzelfall auftun. So ist es bei der medizinischen Forschung ein Grundproblem, vor wem sich eine Forschung, die ihren therapeutischen Nutzen nachweisen will, rechtfertigen muß: vor den Belangen der wissenschaftlichen Forschung oder vor dem kranken Menschen, der jetzt oder später das Ergebnis der Forschung braucht. Aus Hilfe kann Manipulation werden, indem

- die Freiheit des Patienten bzw. der Versuchsperson dem Ziel der Forschung untergeordnet wird,
- Erkenntnisgewinn nicht mehr dem aktuellen oder möglichen Kranken dient, sondern zum Selbstzweck wird oder aus forschungsstrategischen und wirtschaftlichen Interessen heraus angestrebt wird oder
- die Abwägung von Chancen und Risiken einseitig zugunsten des wissenschaftlichen Fortschritts geschieht.

Mit diesen Bedenken soll die medizinische Forschung nicht abgelehnt, sondern lediglich darauf hingewiesen werden, daß die Belange des Menschen – der Schutz der menschlichen Würde, das Recht auf Selbstbestimmung, das Recht auf eine wirksame medizinische Versorgung – in die Forschung integriert werden müssen.

In einzelnen Bereichen kann es sich als notwendig erweisen, die Forschung durch Gesetze und staatliche Vorschriften zu regulieren. Die Freiheit der Forschung kann gegen solche eingrenzenden Vorschriften nicht ins Feld geführt werden. Die Freiheit eines Forschers verwirklicht sich auch in der Selbstbeschränkung, zumal dort, wo ethische Grenzen berührt werden.

Gegenwärtig ist eine Stimmung des grundsätzlichen Mißtrauens gegen Wissenschaft und *Technik* und gegen die von ihnen bestimmte industrielle Produktionsweise weit verbreitet. Sie hat ihren Anhalt an einer Reihe von konkreten Unglücksfällen wie auch an der keineswegs gebannten Entwicklung, die Natur als bloßes Objekt zu betrachten und der menschlichen Verfügung mit den Mitteln von Wissenschaft und Technik immer weiter zu unterwerfen. Wie bereits ausgeführt (S. 32–34) ist es Auftrag des Menschen, die Erde zu »bebauen« und zu »bewahren«. Wissenschaft und Technik sind Mittel, die die Tendenz haben, eine unkontrollierte Eigendynamik zu entfalten und den Gang der Entwicklung selbst zu diktieren. Natur wird dabei zur bloßen Ressource für eine Nutzenmaximierung zugunsten der Menschen – und sogar nur der gegenwärtigen Generation – degradiert.

Demgegenüber ist es heute geboten, die natürliche Umwelt als Mitwelt zu entdecken. Eine solche Einstellung verlangt Sensibilität und Phantasie für das Leben, den Entwurf lebensschonender Technologien und ein *Wirtschaften*, in dem der Schutz des Lebensraums Erde als ein Grundelement neben Arbeit und Kapital Berücksichtigung findet. Es hat sich als ein verhängnisvoller Irrglaube erwiesen, daß der technisch-wirtschaftliche Fortschritt alle Probleme beseitigen könne. Gefordert ist die Anstrengung, Wissenschaft, Technik und Wirtschaft verantwortungsvoll zu nutzen. Dazu gehört, ihrer Entwicklung eine Abschätzung der Folgen ihres Einsatzes an die Seite zu stellen, um die ökologischen und sozialen Auswirkungen im vorhinein mit zu berücksichtigen. Darum ist eine größere Öffentlichkeit im Blick auf wissenschaftliche und wirtschaftliche Zielsetzungen nötig.

Die Verantwortung von Kirche und Christen gegenüber Forschung, Technik und Wirtschaft – wie auch gegenüber Medien, Recht und Politik insgesamt – findet im übrigen ihren Ausdruck nicht allein und nicht einmal in erster Linie darin, daß sie in diese Bereiche hineinsprechen. Ungleich wirkungsvoller als ein solches Reden von außen ist das *Tätigsein* von Christen *in* den genannten Bereichen. So kommt es darauf an, Menschen Mut zu machen, Last und Chance solchen Tätigseins nicht den anderen zu überlassen, sondern selbst Verantwortung zu übernehmen. Es wäre verhängnisvoll, wenn diejenigen jungen Menschen, die eine besondere Sensibilität für die Schutzwürdigkeit und Schutzbedürftigkeit des Lebens zeigen, bei der Wahl von Ausbildung und Beruf die Bereiche von Forschung, Technik und Wirtschaft mieden und statt dessen etwa die sozialen oder unmittelbar auf den Umweltschutz bezogenen Tätigkeitsfelder bevorzugten. Gerade dort, wo im Umgang mit Leben Konflikte entstehen und Fragen gestellt bzw. offengehalten werden müssen, werden Menschen benötigt, die die Last dieser Verantwortung nicht scheuen.

5. Gesundheit

Gesundheit und Krankheit gehören zu den elementaren Erfahrungen von Menschen. Das Erleben von körperlicher und seelischer Gesundheit und von Störungen durch Krankheit ist individuell sehr verschieden. Gesundheit ist für alle Menschen, die gesund geboren werden, ein Geschenk, für dessen Erhaltung jeder auch persönlich verantwortlich ist und sich einsetzen muß. In der Gegenwart richten sich das persönliche Interesse sowie der diagnostische und therapeutische Einsatz vor allen Dingen auf das Bekämpfen und Beseitigen von Krankheit.

Die Erhaltung seiner Gesundheit und die Verwirklichung seiner Lebenschancen hängen für den einzelnen Menschen freilich nicht nur von seinen eigenen Möglichkeiten ab, sondern ebenso von den äußeren Verhältnissen, denen er ausgesetzt ist. Er braucht Schutz und Hilfe in der Familie, in der Nachbarschaft, von Arbeitskollegen und durch staatliche und kirchliche Einrichtungen, Krankenkassen, Ärzte und Krankenhäuser. Die Entwicklung der letzten Jahre hat zu einer eher passiven Grundeinstellung zur eigenen Gesundheit und damit zu einer überhöhten Erwartungshaltung gegenüber der Hilfe von außen geführt. Nicht wenige denken, jede Störung, jede Krankheit müßte eigentlich beseitigt werden können, ohne selbst viel dazu tun zu müssen. Der Kranke ist dann nicht aktiver Partner im Kampf gegen die Krankheit, sondern das Maß der diagnostischen Maßnahmen, der therapeutischen Anwendungen und der lebensverlängernden Möglichkeiten wird von Ärzten und vom Pflegepersonal bestimmt. Erst in letzter Zeit beginnt aufseiten der Patienten und der Ärzte ein Prozeß des Umdenkens, der zum Ziel hat, mehr als bisher den ganzen Menschen in diagnostische und therapeutische Entscheidungs- und Vorgehensweisen einzubeziehen. Das bedeutet aber auch, individuelle, altersgemäße und psychische Prägungen und Grenzen anzuerkennen.

Zwei Gesichtspunkte sind im Blick auf eine Stärkung der persönlichen Verantwortung für die Gesundheit besonders zu beachten:

– Es muß alles getan werden, um *die Gesundheit zu erhalten und Krankheiten nach Möglichkeit zu vermeiden.* Dazu tragen bei eine gesunde und ausgeglichene Lebensführung, bewußte Ernährung, Vorsorgeuntersuchungen und Schutzimpfungen. Leider ist die Zahl der Menschen, die Vorsorgeuntersuchungen in Anspruch nehmen, in den letzten Jahrzehnten stark gesunken. Immer mehr Menschen werden abhängig von Alkohol, Nikotin, Medikamenten, Drogen und zuviel Nahrungsaufnahme und schaden damit ihrer Gesundheit. Die Errungenschaften der Medizin sowie das immer diffizilere Wissen um die Entstehung und Therapie von Krankheiten werden in steigendem Maße eine bedeutende Hilfe im Kampf gegen Krankheiten darstellen. Aber auch jeder einzelne kann im Blick auf eine Reihe von Krankheiten (z. B. Bluthochdruck, Diabetes, Herzerkrankungen) krankmachende Faktoren durch eine gesunde Lebensführung vermeiden. Die Negierung des Wertes des eigenen Körpers, Nachlässigkeit und Trägheit erschweren eine bewußte und verantwortliche Lebensführung.

– Auch bei intensiver Sorge für die Gesundheit bleibt sie ein Geschenk, dessen niemand sicher sein kann. Behinderungen und Krankheiten können bleibende Beeinträchtigungen der Lebensumstände und der Lebensführung zur Folge haben. In vielen Fällen kommt es darauf an, die Fähigkeit zu erwerben, *mit Einschränkungen zu leben.* Zu unserer Lebenswirklichkeit gehören zahlreiche Menschen, die teilweise oder auf Dauer Einschränkungen ihrer körperlichen oder psychischen Funktionen erleben. Manche sehen darin einen unverdienten Schicksalsschlag oder eine Benachteiligung anderen gegenüber und leiden unter der dauernden Enttäuschung, daß sie die Krankheit und ihre Folgen nicht loswerden. Christen wissen um den verborgenen Segen auch von Krankheit und Leid. Sie müssen sich der Not dieser Menschen diakonisch und seelsorgerlich annehmen, weil die Bewältigung der Einschränkungen Tag um Tag neu geleistet werden muß. Nicht durch passive Ergebung, sondern durch aktive Annahme, die auch den Protest einschließen kann, können und sollen die Betroffenen die ihnen widerfahrenen Einschränkungen bewältigen.

Der Stärkung der persönlichen Verantwortung für die Gesundheit müssen allerdings entschlossene und durchgreifende politische Maßnahmen zur Abwehr gesundheitlicher Gefährdungen an die Seite treten. Auch ein persönlich verantwortungsvolles Verhalten kann die Schäden nicht ausgleichen, die etwa ungesunde Arbeitsplatzbedingungen, Risiken im Verkehr oder Störungen bzw. Zerstörungen der natürlichen Lebensgrundlagen hervorrufen. Die Aufgabe, vorsorgend die Gesundheit zu erhalten und Krankheiten nach Möglichkeit zu vermeiden, hat insofern neben der individuellen auch eine gesellschaftliche Dimension.

Alle sind überdies in der Wahrnehmung ihrer persönlichen Verantwortung für die Gesundheit angewiesen auf ein funktionsfähiges Gesundheitswesen. Es muß sich auch darin bewähren, daß es auf neu erwachsende Herausforderungen wie etwa die zunehmende Pflegebedürftigkeit im Alter eine Antwort findet. Auf der Ebene des Gesundheitswesens bestehen je spezifische Verantwortlichkeiten, besonders für die Gesundheitspolitik, die Pharmaindustrie, die Krankenkassen, die Ärzte und das Pflegepersonal.

Ein spezielles Problem, das sich in jüngster Zeit erheblich zugespitzt hat, ist die Finanzierung des Gesundheitswesens. Im Zusammenhang dieser Schrift können die komplexen Sachverhalte dieses Themas nicht erörtert werden. Sicher ist, daß auch hier der Aspekt der persönlichen Verantwortung jedes und jeder einzelnen eine Rolle spielt: Wer Leistungen in Anspruch nimmt, nur weil er Versicherungsbeiträge bezahlt, stellt das Grundprinzip der Krankenversicherung als einer Solidargemeinschaft in Frage. Feststeht aber ebenso, daß tiefgehende strukturelle Veränderungen im Gesundheitswesen erforderlich sind. Sie dürfen freilich nicht zu Lasten bestimmter einzelner Kranker oder Gruppen wie etwa der Behinderten erfolgen.

VI. Aktuelle Herausforderungen beim Schutz menschlichen Lebens

Das menschliche Leben wird heute so intensiv geplant und durch vielerlei Maßnahmen beeinflußt, daß sich die Frage nach der Unverfügbarkeit des Lebens grundlegend neu stellt. In elementarer Weise betrifft diese Frage den Lebensbeginn und das Lebensende, sie betrifft aber auch Krankheit, Konflikte und Lebenskrisen.

Daß menschliches Leben Gabe Gottes ist, schließt nicht aus, daß der Mensch selbst handelnd Verantwortung für das Leben übernimmt und es gestaltet. Dies kann aber nur im Respekt vor der unantastbaren Würde geschehen, die dem Menschen als unverlierbarer Wert, von seinem Beginn bis zu seinem Ende, zugeeignet ist. Der aus der Würde sich herleitende Schutz des Menschen muß für alle Menschen in gleicher Weise und vom Anfang an gelten. Er darf nicht von Entwicklungsphasen oder angeblichen »Graden des Menschseins« abhängig gemacht werden, weil diesen damit die Bedeutung von Selektionskriterien zukäme. Menschliches Leben ist in seiner Würde nur dann geschützt und gesichert, wenn grundsätzlich jede Möglichkeit verfügender Manipulation ausgeschlossen ist. Diese ethische Grundentscheidung ist maßgebend für die nachfolgenden fünf Problemkreise.

1. Forschung an Embryonen

Bis vor wenigen Jahren war unter einem Embryo ausschließlich das sich im Mutterleib entwickelnde Leben zu verstehen. Durch die Einführung der Methode der extrakorporalen, also außerhalb des Mutterleibes erfolgenden Befruchtung (In-Vitro-Fertilisation) hat sich aber eine tiefgreifende Änderung vollzogen: Neben den Embryonen in vivo (im Mutterleib) hat man es mit Embryonen in vitro (im Glas, im Labor) zu tun. Die Kirchen haben in einer Reihe von Verlautbarungen schwerwiegende Bedenken gegen das Verfahren der In-Vitro-Fertilisation vorgebracht und ausdrücklich von ihm abgeraten[2]. Im vorliegenden Zusammenhang richtet sich der Blick insbesondere auf den Umgang mit Embryonen. Denn Embryonen sind jetzt anders und sehr viel stärker als bisher menschlicher Verfügung und menschlichem Zugriff ausgesetzt.

Werden im Zuge der Behandlung der Unfruchtbarkeit mehr Eizellen außerhalb des Körpers (extrakorporal) befruchtet, als beim Embryotransfer in die Gebärmutter der Frau übertragen werden, dann stellt sich die Frage, was mit den sogenannten überzähligen Embryonen geschehen soll. Sie müßten absterben, das heißt: weggeschüttet werden. Der Umstand, daß auch bei der natürlichen Befruchtung viele Embryonen absterben und sich aus den unterschiedlichsten Gründen nicht weiterentwickeln, eignet sich nicht als Rechtfertigung für den beliebigen Umgang mit den sogenannten überzähligen Embryonen. Zum Absterbenlassen werden auch problematische Alternativen ins

2. Vgl. für die katholische Kirche die Instruktion der römischen Kongregation für die Glaubenslehre »Donum vitae« vom 22. Februar 1987 (I 4; II 5), erschienen als Nr. 74 der »Verlautbarungen des Apostolischen Stuhls« beim Sekretariat der Deutschen Bischofskonferenz, und für die Evangelische Kirche in Deutschland zuletzt die Kundgebung der Synode »zur Achtung vor dem Leben« vom 6. November 1987 (Abschnitt III. 5), abgedruckt in EKD-Texte 20: »Zur Achtung vor dem Leben«.

Spiel gebracht: Man kann mit teilweisem Erfolg versuchen, die Embryonen durch Tieffrieren (Kryokonservierung) für einen späteren Embryotransfer aufzubewahren; es wird auch argumentiert, daß »überzählige«, ohnehin dem Absterben ausgelieferte Embryonen der Forschung, etwa zur Verbesserung der Methode der In-Vitro-Fertilisation oder für heute noch nicht konkret benennbare Schritte der Krebs- oder Aidsforschung, dienstbar gemacht werden sollten. Embryonen lassen sich – methodisch betrachtet – auch unabhängig von der Sterilitätsbehandlung ausschließlich zur Verwendung in der Forschung erzeugen. Denkbar ist ferner – vermutlich bis zum 8-Zell-Stadium des Embryo – die Abspaltung totipotenter Zellen, also von Zellen, die sich noch aus sich heraus zu eigenständigem Leben entwickeln können, um daran eine Untersuchung auf eine mögliche genetische Schädigung durchzuführen.

Um Maßstäbe für den Umgang mit Embryonen in vitro zu finden, ist auszugehen von den Einsichten, die wir über die Würde des vorgeburtlichen Lebens gewonnen haben und die gleichermaßen für Embryonen in vivo wie in vitro gelten: Der Embryo ist individuelles Leben, das als menschliches Leben immer ein sich entwickelndes ist; die Anlage zur uneingeschränkten Ausübung des Menschseins ist in ihm von Anfang an enthalten; das ungeborene Leben hat ebenso wie das geborene Anspruch auf Schutz. Dann kann aber – wie bei anderen Humanexperimenten – Forschung am ungeborenen Leben nur insoweit gebilligt werden, wie sie der Erhaltung und der Förderung dieses bestimmten individuellen Lebens dient; man sollte in diesen Fällen von Heilversuchen sprechen. Gezielte Eingriffe an Embryonen hingegen, die ihre Schädigung oder Vernichtung in Kauf nehmen, sind nicht zu verantworten – und seien die Forschungsziele noch so hochrangig. Der Opfergedanke ist hier völlig unangebracht; anderen zugute kann sich ein Mensch aus freien Stücken allenfalls selbst opfern.

Die angestellten Überlegungen gelten für die Erzeugung von Embryonen zu Forschungszwecken (auch in der neuerdings überlegten Form der Erzeugung von Vorkernstadien), für die Verwendung von »überzähligen« Embryonen wie für den »Verbrauch« von Embryonen zur pränatalen Diagnostik. Die Würde des menschlichen Lebens verbietet es, daß es bloß als Material und Mittel zu anderen Zwecken genutzt und – erst recht – gar nur erzeugt wird. Diesem Grundsatz muß auch im Blick auf die In-Vitro-Fertilisation Geltung verschafft werden: Soweit im Gegensatz zu der von den Kirchen eingenommenen Position (s. oben S. 63) dieses Verfahren faktisch dennoch angewandt wird, ist zu fordern, daß nur so viele Embryonen erzeugt werden, wie tatsächlich übertragen werden können und sollen; die Nötigung, das Verfahren in dieser Weise zu praktizieren, würde radikal vermindert werden, wenn das Entstehen »überzähliger« Embryonen vom Forschungsinteresse her geradezu willkommen wäre. Zudem ist zu befürchten, daß eine wie auch immer eingeschränkte Freigabe der Forschung lediglich an »überzähligen« Embryonen eine Entwicklung in Gang setzen würde, bei der schließlich auch ein Bedarf für die Erzeugung von Embryonen zu Forschungszwecken geltend gemacht würde.

Schon die kleinste Bewegung in der Richtung auf die Zulassung »verbrauchender« Forschung an Embryonen überschreitet eine wesentliche Grenze. Es geht hier um den Schutz oberster Rechtsgüter, letzten Endes um die Achtung vor der Würde des Menschen und seines Rechtes auf Leben, die in Art. 1 und 2 des Grundgesetzes verankert sind. Darum haben die gesetzgebenden Organe unseres Staates auch die Pflicht, dafür Sorge zu tragen, daß in dieser Hinsicht im Geltungsbereich des Grundgesetzes einheitlich verfahren wird und die Rechtsordnung mit den geeigneten Mitteln einschließlich des Strafrechts den Schutz von Embryonen gewährleistet.

2. Das ungeborene Leben im Mutterleib

Der Schutz des ungeborenen Lebens steht neben den Problemen der Embryonenforschung heute noch vor einer anderen, zahlenmäßig weit bedrängenderen Herausforderung: Allein in der Bundesrepublik Deutschland werden jährlich über 200 000 Abtreibungen vorgenommen. Die Embryonen in vitro und die Embryonen in vivo haben die gleiche Würde und das gleiche Recht auf Leben. Der Schutz des ungeborenen Lebens ist unteilbar. Aber es ist die Beobachtung bedeutsam, daß sich das ungeborene Leben im Mutterleib in einer anderen Situation befindet als der Embryo im Labor: Es ist abhängig von der Frau, die es in sich trägt. Darum müssen alle Anstrengungen zum Schutz des ungeborenen Lebens im Mutterleib darauf gerichtet sein, es mit der Frau und nicht gegen sie zu schützen.

a) Schwangerschaft im Konflikt

Aus der körperlichen Vereinigung von Frau und Mann kann neues Leben hervorgehen. Neuere medizinische Untersuchungs- und Darstellungsmethoden wie etwa die Ultraschallaufnahme des Fetus tragen dazu bei, die Wahrnehmung für das wunderbare und geheimnisvolle Wachsen des Lebens zu schärfen. Schwangerschaft ist darum in ganz besonderer Weise eine Zeit dankbaren Staunens und intensiver Freude. Dem widerspricht die andere Erfahrung nur scheinbar, daß die Schwangerschaft auch zwiespältige Gefühle auslösen kann: Von der körperlichen Verfassung der Frau angefangen kommen Umstellungen auf beide Eltern zu, auf die sie mit Unruhe und Unsicherheit, zuweilen mit Panik reagieren können. Vor allem dann, wenn die Schwangerschaft ungewollt eingetreten ist, fehlt häufig die Zeit, um die überraschend eingetretene Situation in Ruhe zu bedenken und die erforderlichen Umstellungen vorzubereiten.

Viele Schwangerschaftskonflikte können von der schwangeren Frau, dem Vater des Kindes und den beteiligten Familien – ohne oder mit Hilfe Dritter – bewältigt werden. Aber daneben stehen andere Konfliktsituationen, die mit dem Abbruch der Schwangerschaft enden. Diese Konfliktsituationen sind, wie einige exemplarische Hinweise zeigen, von sehr verschiedener Art und sehr verschiedenem Gewicht: Eine ungewollte Schwangerschaft kann den Lebensplan stören und manchmal völlig über den Haufen werfen. Die Geburt eines nicht geplanten Kindes hat dabei unter Umständen für die Frau, zuweilen auch für den Mann die Konsequenz, daß die begonnene Ausbildung nicht zu Ende geführt oder die Berufstätigkeit nicht in der bisherigen Form fortgesetzt werden kann. Im Mittelpunkt einer großen Zahl von Schwangerschaftskonflikten stehen Beziehungsprobleme. Sie gehen nicht selten so weit, daß der Vater des Kindes die Frau unter Druck setzt und zum Schwangerschaftsabbruch drängt. Auch kann fehlende Unterstützung durch Familie und weiteres Umfeld bei der Schwangeren die Angst vor dem Alleingelassenwerden und der sozialen Isolation verstärken.

Auch schwere Schwangerschaftskonflikte führen keineswegs unausweichlich zum Schwangerschaftsabbruch. Es kann gelingen, sich auf die schwierige Situation einzustellen, das Unvorhergesehene dennoch zu bejahen und zu neuen Lebensperspektiven zu finden. In anderen Fällen freilich wird die Abtreibung als einziger Ausweg angesehen. Zu allen Zeiten und in allen Gesellschaften gab und gibt es Konflikte um das ungeborene Leben. Der allgemeine medizinische Fortschritt bringt es mit sich, daß die Durchführung einer Abtreibung technisch leichter und das gesundheitliche Risiko für die Schwangere geringer wird. Daneben steht allerdings nach wie vor die Erfahrung, daß die Abtreibung bei nicht wenigen Frauen körperlich und seelisch zu erheblichen und manchmal langwierigen Beeinträchtigungen oder Schädigungen geführt hat. Die Entwicklung medikamentöser Möglichkeiten zum Schwangerschaftsabbruch ist weit vorangetrieben und wird in absehbarer Zeit noch stärker als schon gegenwärtig die Entscheidung über den Abbruch in die Hände der unmittelbar Beteiligten legen, wenngleich nicht notwendig bloß der Frau, die sich im Gegenteil gerade verstärktem Druck ausgesetzt sehen könnte; Auflagen und rechtliche Barrieren werden relativ an Bedeutung verlieren; der ethisch begründeten Einstellung zum Schwangerschaftsabbruch wird immer mehr Gewicht zukommen.

b) Das gemeinsame Ziel

In der in jüngster Zeit wieder heftiger geführten Diskussion um den Schwangerschaftsabbruch sind die Gegensätze unverändert scharf. Wir halten es aber für notwendig und auch für aussichtsreich, sich in der gesamten Gesellschaft über bestehende Gegensätze hinweg auf ein gemeinsames Ziel zu verständigen:
Wir wollen, soweit es in unseren Kräften steht, dazu beitragen, Schwangerschaftsabbrüche zu vermeiden:
– Darum wollen wir die Verantwortung in Partnerschaft und Sexualität stärken und so darauf hinwirken, daß es nach Möglichkeit gar nicht erst zu ungewollten konflikthaften Schwangerschaften kommt.
– Darum wollen wir auf der Ebene der Bewußtseinsbildung und der Prägung ethischer Grundüberzeugungen die Achtung vor der Würde des ungeborenen Lebens vertiefen und fördern.
– Darum wollen wir an der Veränderung solcher Verhältnisse arbeiten, die der Annahme des ungeborenen Lebens im Wege stehen.

– Darum wollen wir mehr Frauen und Männer dafür gewinnen, daß sie im Schwangerschaftskonflikt das ungeborene Leben annehmen.

c) Leitende Gesichtspunkte

Die Beschreibung eines gemeinsamen Ziels ist Versuch und Angebot, für die zerstrittene Diskussion eine breite Plattform des Konsenses in unserer Gesellschaft zu finden. Die leitenden Gesichtspunkte, die dabei für die Kirchen maßgeblich sind und ihren Beitrag zur Erreichung des Ziels bestimmen, sollen hier in Anknüpfung an bereits dargelegte Einsichten zusammengefaßt werden:

– Schwangerschaftsabbruch soll nach Gottes Willen nicht sein. Mit diesem Satz erinnern wir an den unbedingten Anspruch des Gebotes Gottes, das jede vorsätzliche Tötung eines Mitmenschen, also auch die Tötung eines ungeborenen Kindes ausschließen will.

– Jedes Kind kann im Glauben angenommen werden als ein Geschenk Gottes. Diese Annahme fällt zuweilen sehr schwer. Darum haben für Christen in dem Konflikt, in den eine Schwangerschaft unter Umständen hineinführt, diejenigen Hilfen und Maßnahmen besonderes Gewicht, die der schwangeren Frau, dem Vater des Kindes und den Familien die Annahme des Kindes ermöglichen trotz der Schwierigkeiten, die diese Entscheidung mit sich bringt. Christen sehen innerhalb der Kirche wie innerhalb der Gesellschaft ihre vordringliche Aufgabe darin, unter Einsatz aller menschlich möglichen Kräfte mitzuhelfen, Situationen zu verhindern, in denen der Schwangerschaftsabbruch als einziger Ausweg erscheint.

– In einer äußersten Zuspitzung können die betroffenen Menschen aber in ihrem Gewissen dem Konflikt ausgesetzt sein, daß sie Gottes Gebot wohl als für sich verbindlich anerkennen, aber dennoch angesichts der unerträglich erscheinenden Schwierigkeit, in die sie die Schwangerschaft gebracht hat, für sich keinen Weg sehen, das ungeborene Kind anzunehmen und also am Leben zu erhalten. Wenn in ganz besonderen und mit anderen Situationen nicht ohne weiteres vergleichbaren Fällen das Leben der Mutter gegen das Leben des Kindes steht und ein Schwangerschaftsabbruch aus medizinischen Gründen angezeigt ist, muß unausweichlich eine Entscheidung getroffen werden, die so oder so das Gewissen belastet. Konfliktlagen von dieser Schärfe können nicht allgemeinverbindlich aufgelöst werden.

- Das Reden und Handeln im Schwangerschaftskonflikt kann alle Beteiligten in die Dimension des Schuldigwerdens führen, nicht nur die schwangere Frau. Vorrangig ist die Verpflichtung zur Selbstprüfung bei *allen* Beteiligten: Wo liegen eigene Versäumnisse beim Schutz des ungeborenen Lebens? Die Bereitschaft zur Erkenntnis eigener Schuld wird durch Anklage und Schuldzuweisung nur verbaut.

- Das Recht auf Selbstbestimmung ist Teil der menschlichen Würde und fordert darum unser Eintreten für eine fortschreitende Befreiung des Menschen aus Unmündigkeit und Fremdbestimmung. Selbstbestimmung findet aber ihre Grenze am Lebensrecht des anderen. Wer sie für sich selbst fordert, muß sie auch dem anderen zuerkennen. Darum kann das Selbstbestimmungsrecht der Frau keine Verfügung über das in ihr heranwachsende Leben begründen.

- Wenn eine Schwangere sich nicht in der Lage sieht, das in ihr heranwachsende Leben anzunehmen, darf ihre Entscheidung, obwohl gegen Gottes Gebot, nicht pauschal und von vornherein als selbstherrliche Verfügung über menschliches Leben verurteilt werden. Die Gründe und Umstände, die zu einem solchen Schritt führen, sind vielmehr Herausforderung zum Gespräch, zum Mitfühlen und zu tatkräftiger Hilfe.

- Sehr häufig trägt die Frau allein die Last einer ungewollten Schwangerschaft, während der Vater des Kindes die Frau im Stich läßt oder in entwürdigender Weise unter Druck setzt. Wer ein Kind zeugt, ist für dessen Zukunft nicht weniger verantwortlich als die schwangere Frau und bei seiner Verantwortung zu behaften.

So verstehen sich Kirchen und Christen als Anwalt des Lebens und der Menschenwürde gerade auch des ungeborenen Kindes und wissen sich zugleich aufgerufen, mit Rat und Hilfe allen denen beizustehen, die in Bedrängnis geraten sind.

d) Die Beratungsarbeit der Kirchen

Die Kirchen wissen sich dem Auftrag verpflichtet, sich mit Beratung und Hilfen den Menschen in ihren vielfältigen Nöten zuzuwenden. Zu ihnen gehören in besonderer Weise die Frauen, die aus den verschiedensten Gründen durch die Schwangerschaft in eine Notsituation gekommen sind.

Beratung will zunächst die Mutter bzw. die Eltern des ungeborenen Kindes ermutigen, sich mit ihrer Lebenswirklichkeit aktiv auseinanderzusetzen, die durch die überraschende Schwangerschaft verändert ist. Die Ratsuchenden brauchen zur Klärung der Lebenssituation einfühlsame Begleitung. Wenn die Frauen und – soweit diese zu gewinnen sind – ihre Partner sich in der jeweils individuellen Situation, die immer auch von subjektiven Lebenserfahrungen und Einstellungen auf die Zukunft geprägt ist, ernstgenommen fühlen und persönliche Zuwendung erleben, kann die Verantwortung für das ungeborene menschliche Leben in ihr Blickfeld rücken. Während es in vielen anderen Lebenssituationen für anvertraute Menschen ein stellvertretendes Ja durch andere gibt, ist im Schwangerschaftskonflikt das Ja der Mutter zu ihrem Kind nicht zu ersetzen.

Kirchliche Beratung kann der Frau die Entscheidung nicht abnehmen, kann aber helfen, ihre Panik und Lähmung, ihre Abhängigkeiten zu überwinden, mit ihr Lebensperspektiven für sich und das Kind zu entwickeln und, soweit möglich, den nötigen Einsatz für das Leben des Kindes als Auftrag Gottes zu erkennen. So kann eine verantwortliche Entscheidung für das Kind reifen, die aus persönlicher Einsicht erwächst und auch bei künftigen Schwierigkeiten tragfähig bleibt.

Kirchliche Beratung ist demnach eine fachlich qualifizierte Hilfe, die Ratsuchende zur Selbsthilfe und zur Wahrnehmung ihrer Verantwortung für das ungeborene Kind befähigen und damit die Chance für das Leben von Mutter und Kind verbessern will. Sie achtet und schützt die Würde der Frau ebenso wie das Leben ihres Kindes. Als Dienst der Kirche vertraut sie darauf, daß die Heilszusage Gottes auch in gebrochenen Verhältnissen trägt.

Beratung und Hilfe für Frauen in Schwangerschaftskonflikten leiten sich aus dem Selbstverständnis der Kirchen ab. Die vom Strafrecht vorgeschriebene Beratungspflicht hat eine andere Begründung: Der

Gesetzgeber wollte die Strafandrohung bei Schwangerschaftsabbrüchen zurücknehmen, um durch Beratung und Hilfe das ungeborene Leben besser zu schützen und der Frau zu helfen. Auch wenn der kirchliche Auftrag der Beratungsstellen über den des Staates hinausgeht, können die kirchlichen Beratungsstellen auch die in § 218 b StGB vorgeschriebene Beratung durch die dort genannten Beratungsstellen übernehmen. Die Erfahrungen der kirchlichen Beratungsstellen zeigen, daß bei entsprechendem Einfühlungsvermögen eine Atmosphäre entwickelt werden kann, die eine vertrauensvolle Beziehung ermöglicht. Dies um so mehr, als die Ratsuchende sich häufig vom Vater des Kindes oder den beiderseitigen Eltern unter Druck gesetzt fühlt, so daß die Beratung entlastend und befreiend wirkt. Die Frau hat selbst oft zu wenig menschliche Annahme erfahren; daher fehlen ihr der Mut und das Selbstvertrauen, auch unverhoffte Situationen anzunehmen und sich auf sie einzustellen. Hilfen zur Lösung innerer und äußerer Konflikte, finanzielle Unterstützung, soziale Dienste und vor allem persönliche Wegbegleitung verstärken die Gewißheit, die Notsituation besser bewältigen zu können und nicht allein lösen zu müssen. Durch die Beratung kann auch die Beziehung der Frau zu ihrem Partner, ihren Eltern, Nachbarn, Arbeitskollegen u. a. verbessert und Angst abgebaut werden.

Der Zeitdruck erschwert oft die Beratung, da eine Einstellungsänderung einen inneren Prozeß voraussetzt. Wo zwischen Ratsuchender und Beraterin / Berater eine intensive und vertrauensvolle Beziehung entsteht, ist dennoch auch in kurzer Zeit eine Grundentscheidung für das Leben des ungeborenen Kindes möglich, aus der heraus dann ohne Zeitnot die Problematik Schritt für Schritt aufgearbeitet werden kann.

Da der Beratungsprozeß sich auf die jeweiligen Personen einstellen muß, also keinesfalls bloß ein formaler Vorgang der Unterrichtung sein kann, hängt sehr viel von der Person der Beraterin bzw. des Beraters ab. Sie müssen ihre eigenen Werthaltungen gut reflektiert haben, da sie im Umgang mit den Ratsuchenden bewußt oder unbewußt wirksam werden. Von der christlichen Botschaft her ergibt sich für die kirchlichen Beraterinnen und Berater, daß sie selbst die unbedingte Schutzbedürftigkeit des ungeborenen Kindes anerkennen. Um so schwerer tragen sie, wenn eine Frau sich zum Schwangerschaftsabbruch entschließt; denn sie werden auch diejenige Frau achten, die sich nicht in der Lage sah, das Leben des Kindes anzunehmen. Entsprechend setzt die Bestätigung über eine erfolgte Beratung ein ernsthaftes Beratungsgespräch voraus und kann grundsätzlich nicht als Vorentscheidung für die Feststellung einer Indikation gewertet werden.

Die Beratung für Frauen in Schwangerschaftskonflikten soll – wenn Bereitschaft der Betroffenen dazu besteht – die Bezugspersonen einbeziehen und vielfältige Hilfen, die den individuellen Bedürfnissen der Ratsuchenden Rechnung tragen, vermitteln. Daraus kann es sich ergeben, den Weg bis zum dritten Lebensjahr des Kindes zu begleiten. Aber auch Frauen, die unter Schwierigkeiten während der Schwangerschaft leiden, ohne daß sie mit dem Wunsch nach Schwangerschaftsabbruch umgehen, können Beratung und Hilfe in der gleichen Intensität erfahren. Sie brauchen die Bestärkung, damit sie ihr Ja zum Leben ohne Überforderung durchhalten und mit Zuversicht leben können.

Die Beratung der Kirchen wird auch Frauen angeboten, die eine Schwangerschaft abgebrochen haben. Dabei können die Probleme deutlich werden, die ein Schwangerschaftsabbruch mit sich bringt und die ohne Bewältigung zunehmend zu einer Belastung werden.

Die Beratung bei überraschender bzw. ungewollter Schwangerschaft ist auch bemüht, Fragen der Familienplanung im Sinne verantworteter Elternschaft und verantwortlicher Sexualität zu klären oder die Ratsuchenden an entsprechende Fachberatungs- und Therapieeinrichtungen weiterzuvermitteln.

Oft geht es auch um die Verstärkung der sozialen Bezüge im Umfeld. Hierbei können erfahrene Mitglieder von Ehepaargruppen, Frauen- und Männerkreisen, Selbsthilfegemeinschaften und Helfergruppen wertvolle Mitarbeit leisten.

In der Schwangerschaftsberatung spielt – meist erst nach der Entscheidungsphase – die Adoption eine Rolle. Es gibt Lebenssituationen, die es der Mutter bzw. den Eltern praktisch unmöglich machen, sich auf das Leben mit dem Kind einzustellen. Besonders für die Mutter ist es fraglos eine schwere Entscheidung, ihr Kind zur Adoption freizugeben. Doch kann die Freigabe zur Adoption in besonders belasteten Fällen eine verantwortungsvolle Entscheidung sein, die am Lebensschutz und an den Zukunftschancen des Kindes orientiert ist und – gerade gegenüber einer sonst etwa in Betracht gezogenen Abtreibung – uneingeschränkte Anerkennung verdient. Die kirchliche Gemeinschaft und die gesellschaftliche Öffentlichkeit müssen diesen Müttern bzw. Eltern den Respekt bezeugen, den sie verdienen. Alle verantwortlichen Kräfte sollten sich bemühen, das Klima für solche Entscheidungen zu verbessern und sie zu erleichtern.

e) Prüfung möglicher Schritte zu einer Verbesserung des Schutzes ungeborenen Lebens

(1) Einstellungen und Wertorientierungen

Schon immer spielten Einstellungen und Wertorientierungen beim Schutz des ungeborenen Lebens eine ausschlaggebende Rolle. Dabei ist nicht allein an die Mutter und den Vater des ungeborenen Kindes zu denken, sondern ebenso an alle, die auf deren Entscheidung über die Austragung der Schwangerschaft Einfluß ausüben: Familien, Freundeskreis, Nachbarschaft, Arbeitskollegen. Wenn die oben (S. 67) erläuterte Einschätzung zutrifft, daß aufgrund der medizinisch-pharmazeutischen Entwicklung in absehbarer Zeit die Entscheidung über den Schwangerschaftsabbruch faktisch noch stärker als schon gegenwärtig in die Hände der unmittelbar Beteiligten gelegt sein wird, gewinnen deren ethische Einstellungen und Wertorientierungen noch zusätzlich an Bedeutung. Unterschiedliche Faktoren ökonomischer, sozialer und bewußtseinsmäßiger Art bestimmen diese Entwicklung. Veränderungen vollziehen sich langfristig. Darum kann von Einwirkungen, die einen verstärkten Schutz des ungeborenen Lebens anstreben, kein rascher Erfolg erwartet werden. Einstellungen und Wertorientierungen müssen wachsen, sie können nicht »gemacht« und erzeugt werden. Ziel ist es, daß sich Menschen aus persönlich gewonnener Überzeugung für das ungeborene Leben entscheiden.

Die Einstellungen und Wertorientierungen betreffen eine Reihe von Problemfeldern. Im Vordergrund steht die Frage der Achtung vor dem Leben des ungeborenen Kindes. In jüngster Zeit ist das Problembewußtsein hinsichtlich des Schwangerschaftsabbruchs gewachsen. Die Zahl der Menschen, nach deren Auffassung ein Abbruch in den ersten drei Monaten einer Schwangerschaft ohne weiteres erlaubt werden sollte, ist in den vergangenen Jahren kontinuierlich kleiner geworden. Nicht zuletzt aufgrund der Erkenntnisse der embryologischen Forschung (vgl. oben S. 43f) gewinnt die Einsicht an Boden, daß jeder Schwangerschaftsabbruch Tötung menschlichen Lebens bedeutet. Würde und Lebensrecht auch des ungeborenen menschlichen Lebens werden intensiver verstanden und darum auch in stärkerem Maße respektiert. Diese Tendenz, die freilich bisher noch nicht ihren Ausdruck in einem veränderten Verhalten gefunden hat, läßt sich durch Aufklärungs- und Erziehungsarbeit noch verstärken. So könnte eine wachsende Zahl von Menschen – Frauen und Männer – die Überzeugung gewinnen: Es steht mir nicht zu, und darum lasse ich mir verboten sein, anderes menschliches Leben auch in der Gestalt von ungeborenem Leben anzutasten.

Auch die Einstellung zum Mitmenschen hat Auswirkungen auf den Schutz des ungeborenen Lebens:

- Die Freude, Kinder zu haben, leidet Schaden, wenn in konkreten Alltagserfahrungen bei den Mitmenschen eine skeptische oder gar abweisende Einstellung gegenüber Kindern wahrgenommen wird. Alle können je an ihrem konkreten Ort zu einer größeren Kinderfreundlichkeit beitragen; sie muß sich zeigen in der Toleranz für Störungen und Belastungen durch Kinder, im Verständnis für Eltern oder Betreuer in angespannten Situationen oder in der Einfühlung in kindliche Nöte und Probleme. Kinderfreundlichkeit stellt freilich nicht nur Anforderungen an das individuelle Verhalten; sie ist auch ein Kriterium etwa für die Planung von Wohnsiedlungen oder von Wohnungsgrundrissen.

- Gerade in manchen kirchlichen Kreisen gibt es noch ausdrückliche oder unausgesprochene Vorbehalte gegenüber Alleinerziehenden. Dabei spielt die Besorgnis eine Rolle, das Leitbild der Ehe als Basis für das Familienleben könne beeinträchtigt werden. Im Blick auf die schwierige Situation der Alleinerziehenden dürfen jedoch ethische Urteile über bestimmte Lebensformen die Fähigkeit, Menschen in ihrer Situation wahrzunehmen, und die Bereitschaft zur Hilfe nicht einschränken.

– Über die Situation der Alleinerziehenden hinaus ist auf der Ebene von Gemeinde und Nachbarschaft eine größere Sensibilität erforderlich, um Gegebenheiten zu erkennen, in denen schwangere Frauen und ihre Familien auf konkrete Hilfe in einer bedrängten Situation warten (z. B. Kinderbetreuung, Besorgung von Wohnraum, Geld). Die christliche Gemeinde, ihre Gruppen und Kreise sind noch zu oft in sich abgeschlossen; sie müssen sich Vertrauen erwerben, verläßliche Anlaufstellen zu sein, und es lernen, selbst offene Augen zu haben für die Not von Menschen in ihrem Wohnbereich.

(2) Verantwortung in Partnerschaft und Sexualität

(a) Neues Leben entsteht durch die körperliche Vereinigung von Frau und Mann. Die Annahme eines Kindes und die Wahrnehmung der Verantwortung gegenüber entstehendem Leben sind deshalb untrennbar mit der Einstellung von Frau und Mann zueinander und dem gegenseitigen Vertrauen in diese *Partnerschaft* verbunden. Partnerschaftsfähigkeit zeigt sich in personaler und sozialer Verantwortung füreinander und für sich selbst. Die Formen des Miteinanderlebens von Frau und Mann können freilich nicht losgelöst gesehen und erlebt werden von den individuellen, lebensgeschichtlichen und religiösen Prägungen des einzelnen und von seinem sozialen Umfeld.

Auch wenn es in unserer Lebenswirklichkeit verschiedene Formen des Zusammenlebens von Frau und Mann gibt, so ist doch die auf Dauer angelegte Gemeinschaft in einer Ehe dafür die geeignetste und verläßlichste Form. Für das Neue Testament und das von ihm bestimmte christliche Verständnis ist die Ehe die von Gott gewiesene Ordnung; sie steht unter Gottes Zusage und Gebot (Mk 10,5–9). Zu einer ehelichen Gemeinschaft gehört es, daß beide Partner in gegenseitiger Liebe und Anerkennung aneinander Freude finden und sich auf einen gemeinsamen Entwicklungs- und Reifungsprozeß einlassen; das bedeutet, offen zu sein für Veränderungen, für Unvorhersehbares, auch für das aus gemeinsamer Liebe, sei es gewollt oder ungewollt, entstehende neue Leben. Partnerschaftliches Zusammenleben in gegenseitigem Vertrauen stärkt und erweitert die Lebensmöglichkeiten des einzelnen und schafft die Voraussetzungen für die Gründung einer Familie.

Schwierigkeiten im gegenseitigen Verstehen und äußere Belastungen können es schwer machen, der Verantwortung für den anderen gerecht zu werden und seine Bedürfnisse wahrzunehmen. Beispiele dafür sind:

- Junge Menschen gehen manchmal zu früh und zu intensiv feste Bindungen ein, ohne die notwendige Ablösung von den Eltern oder anderen Bezugspersonen geleistet und die eigene Selbständigkeit entwickelt zu haben. Dadurch werden Erwartungen in eine Beziehung hineingetragen, die dieser fremd sind und sie überfordern. Zusätzliche Belastungen können dann zu einer Krise oder Zerrüttung der Beziehung führen, weil nicht gelernt worden ist, mit Schwierigkeiten zu leben und sie gemeinsam zu überwinden.

- Sexuelle Reife tritt heute relativ früh ein. Wenn die emotionale Reife, also die Fähigkeit zur Bildung einer dauerhaften Lebensgemeinschaft damit nicht Schritt hält, ist die Beziehung gefährdet.

- Menschen werden oft geprägt von einer Konsumhaltung, die an einem bestimmten Lebensstandard orientiert ist. Daraus kann folgen, daß die Partner unbewußt voneinander die Erfüllung der jeweils eigenen Bedürfnisse verlangen, ohne den anderen als eigenständige Person zu sehen.

- Über die Verschiedenheit im Denken, Fühlen und Handeln von Frauen und Männern liegen viele Erkenntnisse vor. Sie hat ihren Ursprung auch in familiären Rollenzuweisungen und gesellschaftlichen Vorgaben und Zwängen. Trotz der Erörterung dieses Themas in der Öffentlichkeit bestehen nicht selten große Schwierigkeiten, das konkrete Wissen über die Verschiedenheit von Mann und Frau in der eigenen Beziehung umzusetzen. Es besteht eher der Wunsch nach Solidarisierung mit dem gleichen Geschlecht, und/oder es kommt zu gegenseitiger Schuldzuweisung, wodurch die Verständigung zwischen Mann und Frau erschwert wird.

- Die Gefahr der ›Sprachlosigkeit‹ kann daraus erwachsen, daß Paare zu wenig das offene Gespräch gelernt haben und sich dann schwertun, sich einander mitzuteilen und sich für den gegenseitigen Austausch genügend Zeit zu nehmen. Diese Gefahr wird heute verstärkt durch das technisierte Unterhaltungsangebot (Fernsehen, Computer, Video usw.).

- Aus den – z. B. in der eigenen Familie gemachten – Erfahrungen des Zerbrechens von Beziehungen kommen Ängste, eine Ehe mit ihren Verpflichtungen einzugehen. Es wird dann die Unverbindlichkeit nichtehelichen Zusammenlebens gewählt – mit allen Problemen, die sich daraus für den einzelnen, besonders aber für Kinder ergeben.

Viele Frauen und Männer zeigen durch ihr Leben, daß auch heute erfüllte Partnerschaft gelingen kann. Auch besteht ein Netz qualifizierter Beratungsangebote und Familienbildungsstätten, die vielen Paaren dabei helfen können, mit Schwierigkeiten fertig zu werden und ihre Partnerschaft zu bereichern.

(b) Zur Partnerschaft von Frau und Mann gehört die Dimension der *Sexualität*. Jeder Mensch lebt als Mann oder als Frau und ist also durch seine Sexualität bestimmt und mit sexuellen Bedürfnissen ausgestattet. Dies wurde in früheren Zeiten nicht immer genügend erkannt. Statt die Sexualität zureichend als Gabe Gottes zu verstehen, hat sich das Christentum mit ihrer Bejahung schwer getan und immer wieder zu einer Leib- und Sexualfeindlichkeit beigetragen, die viel menschliche Not hervorgerufen hat.

Das Erleben der Gemeinschaft zwischen Frau und Mann sollte sich nicht auf die körperliche Vereinigung reduzieren, sondern sich in einer vielfältigen und emotionalen Zuwendung zwischen den Partnern erfüllen, die von der Liebe getragen ist. In den letzten Jahrzehnten wurden neue Erkenntnisse über die biologischen und hormonellen Unterschiede zwischen Frau und Mann, aber auch über ihr sexuelles Erleben gewonnen. Ein Mann ist lebenslang zeugungsfähig, wenn nicht gesundheitliche Störungen auftreten. Von der Pubertät bis ins hohe Alter hinein erlebt ein Mann hormonell keine eingreifenden Veränderungen. Bei der Frau ist die Zeit von der Pubertät bis zu den Wechseljahren durch hormonell bedingte Einflüsse (Periode, Schwangerschaft, Geburt, Stillzeit) geprägt. Normalerweise ist die Frau in ihrer fruchtbaren Lebenszeit nur an zwei Tagen im Monat befruchtungsfähig. Die körperlichen Folgen einer Befruchtung erlebt aber immer nur die Frau. Diese Unterschiede wirken sich auf das Erleben und Verhalten der Partner aus und bedürfen darum ihrer Aufmerksamkeit und einfühlenden Rücksichtnahme.

Das Wahrnehmen der eigenen sexuellen Empfindungen und das Offensein für die Bedürfnisse der Partnerin und des Partners brauchen, zumal bei Heranwachsenden, Entwicklungsmöglichkeiten. Sexuelles Verlangen darf nicht zur Inbesitznahme des anderen oder der anderen führen. Je intimer sexuelle Gemeinsamkeit erlebt wird, desto mehr kommt es darauf an, daß die beiden Beteiligten über ihre eigene Befriedigung und über die Erfahrung höchster Lust hinaus aufmerksam dafür werden, wie die andere oder der andere solche sexuelle Beglückung erleben und wie sich zwischen ihnen Gemeinsamkeit bildet.

(c) Da Sexualität und Fortpflanzung biologisch verbunden sind, gehört zu verantwortlicher Sexualität nicht nur die einfühlende Rücksichtnahme auf den Partner, sondern ebenso die Bereitschaft, das aus der körperlichen Vereinigung möglicherweise hervorgehende neue menschliche Leben anzunehmen. Mann und Frau sollten offen sein für ein neues Menschenleben, das aus ihrer Liebe entstehen kann. Es kommt nicht darauf an, ob man Kinder wünscht oder nicht wünscht, sondern daß man bereit ist, Kinder anzunehmen. Entsteht ein Kind, so ist dafür Sorge zu tragen, daß ihm von Beginn seines Lebens an ein Heranwachsen in Geborgenheit ermöglicht wird. Ein Kind wächst am besten in einer Familie auf, in der sich Vater und Mutter verstehen. Verantwortung in Partnerschaft und Sexualität muß allerdings schon wahrgenommen werden, bevor ein Kind gezeugt bzw. empfangen wird. Zur Partnerschaft gehört deshalb *Familienplanung* im Sinne verantwortlicher Elternschaft. Die evangelische wie die katholische Kirche sind sich darin einig, daß Familienplanung partnerschaftlich geschehen muß und daß sie keinen der beiden Partner einseitig belasten oder in seiner Liebesfähigkeit beeinträchtigen darf. Zu achten ist auf das Wohl eines zu erwartenden Kindes, auf das eigene Wohl der Partner, ihre seelisch-geistigen Kräfte wie ihre materiellen Möglichkeiten, auf das Wohl bereits geborener Kinder, der gesamten Familie wie auch der Gesellschaft. Besonders die Frau muß geschützt werden vor der Überlastung durch zu schnelle Geburtenfolge, dem Eintreten von Schwangerschaften in zu frühem oder zu spätem Alter und eindeutigen Konfliktschwangerschaften. Eine wichtige Voraussetzung für verantwortliche Familienplanung ist die Information über Möglichkeiten der Empfängnisregelung, damit sie, der Lebensphase des Paares entsprechend, sinnvoll eingesetzt werden können.

Schon in der Erziehung müssen die Fragen von Sexualität und Fortpflanzung die notwendige Berücksichtigung finden. An dieser Erziehung zu verantwortlicher Sexualität sollten sich alle beteiligen, die für die Vermittlung ethischer Werte und Normen Sorge tragen. Dazu gehören z. B. die Eltern, die Schulen und die Kirchengemeinden mit ihren vielfältigen Möglichkeiten.

Für die evangelische Kirche ist Familienplanung in die Verantwortung der einzelnen Christen gestellt. Die Kirche kann und will jedoch zur ethischen Urteilsbildung beitragen. Nach katholischer Auffassung müssen die Ehegatten das Urteil über die Zahl der Kinder und den Abstand der Geburten wie über die Methode der Familienplanung in Verantwortung vor Gott selbst fällen. Dabei dürfen sie nicht willkürlich vorgehen, sondern müssen sich leiten lassen vom Gewissen, das sich ausrichtet am Gesetz Gottes und auf das Lehramt der Kirche hört[3].

(3) Sozial-, frauen- und familienpolitische Maßnahmen

Aus der Verfassung erwächst dem Staat und der gesamten Gesellschaft die besondere Verpflichtung, das menschliche Leben zu schützen und seine Entfaltung zu fördern. Die Politik hat daher Rahmenbedingungen zu schaffen, die das »Ja« zum Leben unterstützen. Sie muß Sorge tragen, daß die Leistung anerkannt wird, die Eltern durch die Pflege und Erziehung von Kindern für die gesamte Gesellschaft erbringen. Angemessene Hilfen müssen dabei immer auf die Lebenssituation der Eltern und der ihnen anvertrauten Kinder zielen. Insbesondere Alleinerziehende sind häufig durch zu geringes Einkommen, Zeit- und Wohnungsprobleme belastet. Auf der fachlichen und politischen Ebene wird im Zusammenhang von Schwangerschaftskonflikten eine Reihe von sozial-, frauen- und familienpolitischen Maßnahmen diskutiert, die ernsthafter Erwägung wert sind:

3. Vgl. Pastoralkonstitution des II. Vatikanischen Konzils über die Kirche in der Welt von heute »Gaudium et spes« (Nr. 47–52), die Enzyklika von Papst Paul VI. »Humanae vitae« vom 25. Juli 1968 und das Apostolische Schreiben von Papst Johannes Paul II. »Familiaris consortio« vom 22. November 1981.

Notwendig ist ein den tatsächlichen Erfordernissen gerecht werdender Familienlastenausgleich durch
– Anhebung des Kindergeldes,
– Freistellung des Existenzminimums für Kinder von steuerlichen Abgaben und
– den weiteren Ausbau der steuerlichen Entlastung der Familie.

Die Regelsätze der Sozialhilfe erscheinen besonders für werdende Mütter, für Alleinerziehende und für junge Familien zu gering. Unbefriedigend ist auch, daß die Hilfen in besonderen Lebenslagen in den einzelnen Bundesländern in unterschiedlicher Höhe gewährt werden und die den Sozialämtern möglichen Ermessensspielräume bei der Bewilligung zu sehr unterschiedlichen Ergebnissen führen. Sozialhilfe zu beziehen wird weithin immer noch als diskriminierend empfunden. Sie ist jedoch Ausdruck einer solidarischen Hilfe der Gesellschaft.

Um Kindern vor allem in der frühen Kindheit die notwendige Zuwendung zu sichern, ist die Verlängerung des Anspruches auf Erziehungsgeld bis in das dritte Lebensjahr des Kindes ein richtiger und notwendiger Schritt. Unerläßlich ist aber die gleichzeitige Ausdehnung des Erziehungsurlaubsanspruchs auf diese Zeit, um auch den Frauen (oder Männern) die Inanspruchnahme zu ermöglichen, die auf Dauer auf Erwerbseinkommen angewiesen sind.

Parallel zu Erziehungsgeld und Erziehungsurlaub sollte die Ausdehnung der Babyjahre im Rentenrecht, d. h. die Anerkennung von Erziehungstätigkeit als Ausfallzeit, erfolgen, um die langfristigen wirtschaftlichen Lebensperspektiven von Müttern zu verbessern.

Einkommensabhängige Geburtenzuschüsse, wie sie einige Länder gewähren, sollten in allen Bundesländern als Rechtsanspruch geschaffen werden. Ebenso sollten alle Länder die Bundesstiftung »Mutter und Kind« durch eigene Mittel ergänzen. Der Zeitrahmen für die Hilfe, die das Unterhaltsvorschußgesetz alleinerziehenden Frauen bringt, sollte erweitert werden. Zu prüfen ist auch, ob sich die Zahlung von Kindergeld bereits für das ungeborene Kind realisieren läßt.

Die Versorgung eines Kindes oder mehrerer Kinder mit gleichzeitig notwendiger oder gewünschter Erwerbstätigkeit zu vereinbaren macht vielen jungen Frauen die Entscheidung für die Geburt eines

Kindes schwer. Oft gewünschte Teilzeitarbeitsplätze fehlen weitgehend, ebenso flexible Arbeitszeiten und berufliche Wiedereingliederungsmöglichkeiten nach längerfristiger Beurlaubung. Neben der Verpflichtung, durch arbeitsrechtliche Änderungen hier Hilfestellung für eine bessere Vereinbarkeit von Kinderbetreuung und Beruf zu schaffen, muß der Öffentliche Dienst eine Beispielfunktion übernehmen.

Familienergänzende Einrichtungen zur Kinderbetreuung wie Tagespflegestellen, Krippen-, Kindergarten- und Hortplätze sind in sehr unterschiedlicher Streuung und meist nicht ausreichend vorhanden. Die Öffnungszeiten von Einrichtungen der Kinderbetreuung müssen durchweg flexibler werden. Müttertreffs, Nachbarschafts- und Selbsthilfeinitiativen, die Kinderbetreuung organisieren, haben sich als wirkungsvolle und sachgerechte Hilfen erwiesen und tragen in hohem Maße zur psychischen und sozialen Stabilisierung Alleinerziehender bei. Bund und Länder sollten die subsidiäre Förderung solcher modellhafter Maßnahmen weiterführen; auch die Kirchen sind hier gefordert.

Besonders in städtischen Ballungsgebieten ist es sehr schwierig, preiswerten und angemessenen Wohnraum für Familien mit Kindern zu finden. Neben der Notwendigkeit, neuen Wohnraum zu schaffen und ihre alten Bestände zu sanieren, müssen die Kommunen der Fehlbelegung von Sozialwohnungen größere Aufmerksamkeit widmen, um Platz für wirtschaftlich Schwache zu bekommen. Die verbesserte Förderung von Mehrgenerationenwohnungen, bei denen weniger an das Zusammenwohnen mehrerer Generationen in einer Wohnung als vielmehr an den Zusammenschluß von Wohnungen zu einem größeren Verbund zu denken ist, kann die Selbsthilfemöglichkeiten der Familien stärken. Bis in die Dörfer hinein ist das Wohnumfeld der Menschen oft von Straßen, Autos und Lärm bestimmt. Spiel- und Bolzplätze, Grünzonen, Fuß- und Fahrradwege, gesicherte Straßenübergänge und verkehrsberuhigte Wohnstraßen machen Städte und Gemeinden menschengerechter und insbesondere auch kinderfreundlicher.

Fehlende Kenntnis über vorhandene Hilfsmöglichkeiten erschwert bei Konfliktschwangerschaften unnötig die Situation. Der Ausbau eines umfassenden Beratungsangebotes, das den Müttern die Gewißheit gibt, daß sie, auch während ihre Kinder heranwachsen, nicht alleine gelassen werden, könnte zu einem besseren Schutz Ungeborener beitragen. Hier müssen die Anstrengungen des Staates deutlich verstärkt werden, auch durch eine angemessene finanzielle Unterstützung der Beratungsstellen freier Träger.

(4) Die Hilfe der Rechtsordnung

Wenn das menschliche Leben nach einer Formulierung des Bundesverfassungsgerichts[4] »innerhalb der grundgesetzlichen Ordnung einen Höchstwert« darstellt und »die Voraussetzung aller anderen Grundrechte« bildet, dann ist es Aufgabe der Rechtsordnung, insbesondere des Zivilrechts, des Sozialrechts und des Strafrechts, auch für den Schutz des ungeborenen Lebens zu sorgen.

a) Zivilrecht

Das Zivilrecht, das die Rechtsbeziehungen der Bürger untereinander regelt, ist aufgerufen, die gemeinsame Verantwortung aller für den Schutz des Lebens zum Ausdruck zu bringen. Im Arbeitsrecht geschieht das bereits dadurch, daß dem Arbeitgeber einer werdenden Mutter die Pflicht auferlegt wird, bei der Einrichtung und Unterhaltung des Arbeitsplatzes und bei der Regelung der Beschäftigung die erforderlichen Vorkehrungen und Maßnahmen zum Schutz ihres Lebens und ihrer Gesundheit zu treffen; hinzu kommen Kündigungsverbot und bestimmte Beschäftigungsverbote.

Im Blick auf die Adoption sind Überlegungen angestellt worden, wie durch Erleichterung und Förderung der Adoption unter Umständen zu einer Verminderung der Schwangerschaftsabbrüche beigetragen werden könnte. Die Überlegungen zielen auf eine Form der Adoptionsgarantie: Dies wird in den Fällen für wichtig erachtet, in denen eine Mutter ihr Kind wohl zur Welt bringen möchte, aber für das Kind nur eine ungewisse Zukunft sieht. Verbreitete Erfahrung ist es, daß die Freigabe eines Kindes zur Adoption vielfach noch Mißachtung erfährt; in dieser Hinsicht tut Bewußtseinsveränderung not. Es

4. Entscheidungen des Bundesverfassungsgerichts, 39. Band, Tübingen 1975 (BVerfG 39), S. 1–68, dort 42.

ist allerdings umstritten, ob in der Entscheidungsphase über Abbruch oder Austragen der Schwangerschaft derzeit ein Adoptionsangebot überhaupt greift. Zu prüfen bleibt, ob Änderungen des geltenden Adoptionsrechts langfristig einen Einfluß auf die Bereitschaft von Müttern haben, ihre Kinder zur Adoption freizugeben.

b) Sozialrecht

Nach der Auffassung des Bundesverfassungsgerichts ist es »Aufgabe des Staates, in erster Linie sozialpolitische und fürsorgerische Mittel zur Sicherung des werdenden Lebens einzusetzen«[5]. Dies geschieht zum Beispiel bereits durch die im Mutterschutzgesetz vorgesehenen Leistungen.

Die gesetzliche Regelung, nach der von den Leistungsträgern der gesetzlichen Krankenversicherung, bei denen eine Pflichtmitgliedschaft besteht, Hilfe bei nicht rechtswidrigem Schwangerschaftsabbruch in Anspruch genommen werden kann, ist politisch und rechtlich umstritten. Sie wird, nicht nur aus religiösen Beweggründen, zum Teil als schwere Gewissensbelastung der Beitragszahler empfunden. Dies sollte als ein Zeichen ethischer Sensibilität sehr ernstgenommen werden. Solche Bedenken könnten in dem Maße gemildert, allerdings nicht beseitigt werden, wie insbesondere die Notlagenindikation, der gegenwärtigen Gesetzeslage entsprechend, nur in den Fällen bejaht wird, in denen eine nicht anders abwendbare Belastung der Schwangeren durch die Notlage so schwer ist, daß sie einer Gefahr für das Leben oder der Gefahr einer schwerwiegenden Beeinträchtigung des körperlichen oder seelischen Gesundheitszustandes der Schwangeren gleichgeachtet werden kann.

c) Strafrecht

Auch durch das Strafrecht zeigt die staatliche Rechtsordnung an, welchen Rang sie den einzelnen geschützten Rechtsgütern zumißt. Deshalb besteht auch grundsätzlich eine Wechselwirkung zwischen dem Strafrecht und dem Rechtsbewußtsein der Staatsbürger. Diese Wech-

5. BVerfG 39, S. 44.

selwirkung ist zwar bei den verschiedenen Rechtsgütern und den sie bedrohenden Eingriffen unterschiedlich stark; sie muß aber beim Schutz des Lebens als des höchsten Rechtsgutes besonders sorgsam beachtet werden.

Das Bundesverfassungsgericht hat in seinem Urteil vom 25. Februar 1975[6] die Regelung des 5. Strafrechtsreformgesetzes vom 18. Juni 1974 über die sogenannte »Fristenregelung«, nach der der Schwangerschaftsabbruch in den ersten drei Monaten straffrei bleiben sollte, als mit dem Grundgesetz insoweit unvereinbar und daher nichtig erklärt, als »Schwangerschaftsabbrüche auch dann rechtlich nicht mißbilligt und nicht unter Strafe gestellt werden, wenn sie aus Gründen erfolgen, die vor der Wertordnung des Grundgesetzes keinen Bestand haben«. Der Gesetzgeber hat daraus die Konsequenz gezogen, daß die Abtreibung grundsätzlich mit Strafe bedroht ist; Ausnahmen von diesem Grundsatz bestehen, wenn bestimmte Voraussetzungen – sogenannte Indikationen – vorliegen. In der juristischen Fachwelt und auch in der Öffentlichkeit wird darüber gestritten, ob der Schwangerschaftsabbruch in diesen Ausnahmefällen rechtmäßig ist oder ob er trotz Rechtswidrigkeit nur straflos gelassen wird. Zu dieser juristischen Frage soll hier nicht näher Stellung genommen werden. Es ist aber in jedem Fall darauf aufmerksam zu machen, daß eine Handlung nicht schon deshalb, weil sie nicht gegen das staatliche Recht verstößt, auch in jedem Fall ethisch erlaubt ist. Daß eine Handlung im Sinne des Strafrechts »rechtmäßig« ist, darf überdies nicht mit moralischer Rechtfertigung gleichgesetzt werden. In einer Rechtsordnung, die die Würde und das Leben des Menschen in den Mittelpunkt stellt, sollte die Vernichtung von menschlichem Leben generell mißbilligt werden. In den straffrei gestellten Fällen des Schwangerschaftsabbruchs handelt es sich also nicht um eine prinzipielle Einschränkung des Schutzes für das ungeborene Leben und somit um ein Recht zur Abtreibung, sondern um das notwendig unvollkommene Bemühen, eine rechtliche Regelung für nicht auflösbare Konfliktsituationen zu treffen.

Es ist darauf zu dringen, daß insbesondere die Bestimmung über die Notlagenindikation in dem oben (S. 83) beschriebenen Sinne angewandt wird. Dabei ist zu bedenken, daß sich für die Feststellung einer

6. BVerfG 39, S. 65.

Notlage schwerlich eindeutige und generell anwendbare Merkmale finden lassen. So sind subjektive Unterschiede im Ermessen von Ärzten und Richtern unvermeidlich. Aber es erscheint unerträglich, daß weit über 80 % aller gemeldeten Schwangerschaftsabbrüche mit einer solchen Notlage begründet werden. Die Annahme liegt nahe, daß bei weitem nicht alle Möglichkeiten ausgeschöpft wurden, um der Schwangeren in ihrer Notlage auf andere Weise beizustehen.

Die katholische Kirche hat stets erklärt, daß sie sich mit der geltenden Rechtslage nicht abfinden könne und nicht abfinden werde. Sie strebt nicht einfachhin eine Rückkehr zum früheren Rechtszustand an, ist aber der Auffassung, daß die §§ 218 ff StGB nicht für unantastbar erklärt werden dürfen, wenn nur durch eine Änderung – sicherlich in Verbindung mit anderen Maßnahmen – der Schutz ungeborenen Lebens verbessert werden kann[7].

Die Evangelische Kirche in Deutschland hat in ihren Stellungnahmen zur Reform des Abtreibungsparagraphen deutlich gemacht, daß die bestehende strafrechtliche Regelung des Schwangerschaftsabbruchs nicht völlig befriedigend ist, daß jedoch ein verbesserter Schutz des ungeborenen Lebens am ehesten von Gewissensbildung und Bewußtmachung sowie von sozialpolitischen Maßnahmen erwartet werden kann und sie deshalb keine Änderung der geltenden Rechtslage anstrebt[8]. Hinsichtlich der Bewertung des Beitrags des Strafrechts zur

---

7. Vgl. zuletzt das Pastorale Wort der Deutschen Bischofskonferenz »Für das Leben« vom 24. November 1986, bes. S. 17–19, sowie die »Erklärung der Vollversammlung der Deutschen Bischofskonferenz zur gegenwärtigen Lage des Schutzes ungeborener Kinder« vom 24. September 1985. Beide Schriften sind zu erhalten beim Sekretariat der Deutschen Bischofskonferenz, Kaiserstraße 163, 5300 Bonn 1.

8. Vgl. insbesondere die Erklärungen des Rates von 1972 und 1980 (abgedruckt in: Die Denkschriften der Evangelischen Kirche in Deutschland, Band 3: Ehe, Familie, Sexualität, Jugend, GTB 416, Gütersloh 1981, S. 212 ff, 241 ff; wieder abgedruckt in: Stellungnahmen zum Thema Schwangerschaftsabbruch, EKD-Texte 14, Hannover 1986) sowie die Kundgebung »zur Achtung vor dem Leben« der Synode von 1987, dort Abschnitt III.6 (abgedruckt in: Zur Achtung vor dem Leben, EKD-Texte 20, Hannover 1987). Die EKD-Texte sind zu erhalten beim Kirchenamt der EKD, Herrenhäuser Straße 12, 3000 Hannover 21.

Verhinderung von Schwangerschaftsabbrüchen werden innerhalb der evangelischen Kirche allerdings abweichende Auffassungen vertreten.

Den Kirchen gemeinsam ist jedoch die Sorge, daß gegenwärtig geltende Rechtsvorschriften nicht genügend gegen Mißbrauch bei ihrer Durchführung gesichert sind. So kann es zum Beispiel nicht akzeptiert werden, daß der Staat die Verletzung der ärztlichen Meldepflicht bei vielen Tausenden von Abtreibungen ohne jede Reaktion hinnimmt. Die Meldepflicht war Mitte der 70er Jahre vom Gesetzgeber eingeführt worden, um ihm einen Nachweis dafür zu geben, ob das mit seiner Reform verfolgte Ziel des besseren Schutzes ungeborenen menschlichen Lebens auch tatsächlich erreicht werde; sie macht zudem deutlich, daß der Schwangerschaftsabbruch eine ärztliche Handlung von besonderem Charakter ist. Es ist deshalb geboten, durch wirksame Schritte die Erfüllung der Meldepflicht zu gewährleisten.

Als ein weiteres Beispiel für das Erfordernis, besser als bisher die Durchführung der geltenden Rechtsvorschriften zum Schutz des Lebens zu sichern, sei die praxisferne Bestimmung erwähnt, daß jeder Arzt nach der gegenwärtigen Rechtslage die Möglichkeit hat, die vorgeschriebene soziale Beratung der Schwangeren vorzunehmen. Die Erfahrung des täglichen Lebens zeigt, daß dafür in aller Regel nicht einmal genügend Zeit vorhanden ist; vor allem aber setzt eine gute soziale Beratung der Schwangeren, welche Mutter und Kind in ihrer Notlage wirklich dient, umfassende Kenntnisse der bestehenden Hilfsmöglichkeiten und eine spezielle Ausbildung für psychosoziale Beratung voraus, wie sie bei einem Arzt normalerweise nicht zu erwarten sind. Hier muß es der Gesetzgeber zur Voraussetzung machen, daß jeder, der eine soziale Beratung durchführt, über die entsprechenden Kenntnisse und Qualifikationen verfügt.

Entsprechend problematisch ist es, daß die schwerwiegende Entscheidung darüber, ob im konkreten Fall eine der Indikationen gegeben ist, von jedem Arzt gefällt werden kann. Die Bedeutsamkeit dieser ärztlichen Entscheidung erfordert es nicht nur, daß sie im einzelnen begründet wird, es ist auch erforderlich, daß sie besonders ausgebildeten Ärzten vorbehalten bleibt.

Stellungnahmen sowohl der katholischen wie der evangelischen Kirche haben sich im übrigen gegen die personelle Verbindung von Beratung und Indikationsfeststellung ausgesprochen: Ein gesondertes Beratungsgespräch biete bessere Voraussetzungen dafür, daß die Gründe, die für das Austragen des Kindes sprechen, zur Geltung kommen.

Bei diesen Anforderungen an den Gesetzgeber handelt es sich nach Auffassung der Kirchen um politische und rechtliche Entscheidungen, die unabhängig von den politischen Meinungsverschiedenheiten um den rechtlichen Schutz des ungeborenen menschlichen Lebens von allen politischen Kräften in der Bundesrepublik Deutschland erwartet werden können.

(5) Flankierende Maßnahmen der Kirchen

Die Kirchen haben schnell und kontinuierlich das Netz ihrer anerkannten Beratungsstellen ausgebaut. Der Dienst, den die Beraterinnen und Berater leisten, setzt ein überzeugendes Zeichen der Hoffnung. Dafür sind ihnen die Kirchen in besonderer Weise dankbar. Aus den Erfahrungen der Beratungsstellen wird aber deutlich, daß die Selbstverpflichtung der Kirchen weiter gehen muß, wenn sie in ihren Forderungen zum Schutz des ungeborenen Kindes glaubwürdig bleiben wollen.

Die *Beraterinnen und Berater* brauchen für ihre Aufgabe eine entsprechende Fortbildung und praxisbezogene Begleitung (Supervision). Der auffallende Wechsel der Mitarbeiter der Beratungsstellen geht auf die übermäßige Beanspruchung, aber auch auf die Angriffe von verschiedenen Seiten zurück, mit denen sich die Beraterinnen und Berater auseinandersetzen müssen. Deshalb ist es so wichtig, daß sich die Mitarbeiterinnen und Mitarbeiter auf die öffentliche Unterstützung der Kirchen gerade in Krisensituationen verlassen können.

Die Zahl der Ratsuchenden hat sich vor allem durch die Nachfrage nach Mitteln der Bundesstiftung und von Landesstiftungen sehr stark erhöht. In der Vermittlung dieser Hilfen, aber vor allem in der umfassenden Beratung und Begleitung dieses Personenkreises liegt eine große Chance, die durch das Kind gestellten Lebensanforderungen besser bewältigen zu können. Diese Chance kann aber nur genutzt werden, wenn die personelle Ausstattung im Beratungs- und Verwaltungsbereich eine solche intensive Arbeit zuläßt. Auch wenn der Staat zu einer angemessenen Förderung verpflichtet ist, müssen die Kirchen entsprechend ihrem Beratungsverständnis die Stellen personell und räumlich ausreichend ausstatten. Hier besteht teilweise ein dringender Nachholbedarf.

Die Beratungsstellen müssen ferner in enger Wechselbeziehung zu den Kirchengemeinden stehen, d. h. die Beraterinnen und Berater müssen für diese Kontaktpflege Zeit haben, und die Kirchengemeinden müssen die Beratungsstellen durch ein umfassendes Engagement mittragen (ehrenamtliche Hilfen, finanzielle Spenden, Sachhilfen, Bereitstellung von Wohnungen usw.).

Schwangerschaftskonflikte hängen vor allem mit Wertfragen und mit sozialen bzw. psychosozialen Notständen zusammen. Die Kirchen sind in beiden Bereichen besonders gefordert. Die *Öffentlichkeits- und Bildungsarbeit* muß auf vielen Gebieten ansetzen:

- Die Betroffenen müssen sie als Einladung zur Beratung verstehen können.
- Meinungen und Einstellungen müssen von der Anerkennung der Würde auch der ungeborenen Kinder geprägt werden.
- Menschen in Not dürfen nicht verurteilt werden.
- Im Umkreis von Menschen in Not muß Verständnis für Problemsituationen geweckt werden.
- Partnerschaftliches Handeln und entsprechende Verantwortung füreinander müssen langfristig gefördert werden – auch im Sexualleben. Dazu dienen Informationen über neue Entwicklungen in der verantwortlichen Familienplanung und Gesprächsmöglichkeiten in Gruppen.
- Die Mitverantwortung von Angehörigen, Nachbarn, Freunden, Arbeitgebern, Wohnungseigentümern usw. muß geweckt werden.
- Ein kinder-, mütter- und familienfreundliches Klima muß gefördert werden.

Die *Hilfen* der Kirchen müssen sich flexibel auf die *Notstände* einstellen, insbesondere dort, wo staatliche Hilfen nicht ausreichen. Manche Notstände werden erst im Zusammenhang mit der Schwangerschaft wie in einem Brennglas deutlich, sie beeinträchtigen aber das Leben vieler Menschen. Bis hin zur Ebene der Gemeindediakonie ist nach Lösungen zu suchen, auch wenn die Hilfen der Kirchen nur Signalcharakter haben können:

- Wohnungsnot von Alleinerziehenden, jungen Familien und kinderreichen Familien: Grundstücke und Häuser der Kirchen sollten vorrangig diesen Personengruppen zur Verfügung gestellt werden. Ebenso sollten die kirchlichen Siedlungswerke entsprechend arbeiten.

- Überschuldung vieler einzelner und Familien: Verstärkung der Schuldnerberatung ist ebenso gefordert wie finanzielle Möglichkeiten zur Umschuldung.

- Mangelnde Möglichkeiten der Kinderversorgung durch Tagespflegestellen, Kinderkrippen, Kindergärten oder Kinderhorte und entsprechende Schwierigkeiten, Berufstätigkeit und Kinderversorgung, zumal in Krisensituationen, in Einklang zu bringen: Die kirchlichen Angebote müssen z. T. umstrukturiert und ausgebaut werden.

- Probleme beim Wiedereinstieg von Frauen in den Beruf nach kürzeren oder längeren Familienphasen: Die Kirchen sollten dafür beispielhafte Möglichkeiten entwickeln, die auch Nachqualifizierungen beinhalten.

- Mangelnde Entlastung von Müttern bei Krankheit und Überforderung (z. B. bei Mehrlingsgeburten, behinderten Kindern und pflegebedürftigen Angehörigen): Die Dienste, die das tägliche Leben der Familien erleichtern, wie etwa die Verfügbarkeit von Familienpflegerinnen, sollten aus kirchlichen Mitteln besonders gefördert werden.

- Werdende Mütter, die zur Gruppe der Spätaussiedler gehören oder die Asylsuchende sind, haben es unter den Bedingungen des Lebens in Gemeinschaftsunterkünften besonders schwer: Für sie müssen die Kirchen geeignete Hilfen entwickeln, damit das Ja zum Leben aufgrund besserer äußerer Bedingungen gelingen kann.

3. Behindertes menschliches Leben

a) Schatten der Vergangenheit

Lange bestand eine unzureichende Kenntnis über den behinderten Menschen, insbesondere auch über Ursachen, Bedeutung und Folgen von gesundheitlichen Störungen. So wurde den Behinderten weithin ihre Personalität abgesprochen, was ihr Leid durch schlimme Kränkungen vergrößerte. Erst in einem mühsamen Lernprozeß ist die Annahme behinderter Menschen vorangekommen, und dieser Lernprozeß dauert noch heute an. Auch in der Geschichte der Kirche gab es immer wieder eindrucksvolle Gestalten und vorbildliche Einrichtungen, durch die Menschen mit körperlichen und seelischen Gebrechen fördernde Zuwendung, ganzheitliche Pflege und sorgfältige Heilbehandlung erfuhren. Beispielhaft genannt seien hier Johannes von Gott (1495 bis 1550), weit über Spanien hinaus wirksamer Reformator der »Irrenbehandlung« und Stifter des »Hospitalordens«, sowie Friedrich von Bodelschwingh (1831 bis 1910), vielseitiger Förderer der Sorge für Behinderte, insbesondere durch den Ausbau der Epileptiker-Anstalt »Bethel« bei Bielefeld. Unbestreitbar haben die Kirchen viel getan, um den Behinderten einen anerkannten und geschützten Platz in der menschlichen Gesellschaft zu sichern.

Selbstkritisch ist aber zu fragen, warum sich die Kirchen nicht insgesamt früher und entschlossener gegen das verbrecherische Euthanasieprogramm und gegen die Zwangssterilisierungen nach dem »Gesetz zur Verhütung erbkranken Nachwuchses« der Nazi-Diktatur gewandt haben. Wir müssen im Rückblick erkennen, daß auch in einer Anzahl kirchlicher Einrichtungen Menschen mitschuldig geworden sind. Dabei standen die Verantwortlichen der Heime gewiß vor schwierigen Entscheidungsfragen, etwa wenn sie durch die Zustimmung zur Zwangssterilisierung Behinderter deren Entlassung und so ihr Überleben zu erreichen hofften. Vor Versäumnissen und Versagen dürfen wir nicht die Augen verschließen; nur ein geschärfter Blick für unsere eigenen Schwächen macht uns fähig zur Verantwortung gegenüber den Schwachen und Hilflosen unter uns. Dies gilt um so mehr, als heute erneut Stimmen laut werden, die den Gedanken einer am vermeintlichen Wert oder Unwert von Menschen orientierten

»Euthanasie« befürworten und mit dieser überwunden geglaubten Position viele Behinderte und ihre Angehörigen mit Schrecken erfüllen.

b) Behinderungen – ein Teil unserer Lebenswirklichkeit

Schwäche und Hilflosigkeit gibt es in vielfältiger Form, wenn auch körperliche, seelische und geistige Behinderungen, zumal bei extremen Beeinträchtigungen, eine besondere Herausforderung darstellen. »Behinderung« ist ein Sammelbegriff für sehr unterschiedliche Beeinträchtigungen: Eine geistige Behinderung stellt vor völlig andere Aufgaben als eine körperliche Behinderung; eine psychische Erkrankung kann den Mitmenschen auf weite Strecken verborgen bleiben; so darf die zusammenfassende Frage nach Behinderungen als einem Teil unserer Lebenswirklichkeit nicht dazu führen, die notwendigen Differenzierungen nach Art und Grad der Behinderung zu versäumen.

Gesundheit kann immer gestört sein; je stärker Menschen von solchen Störungen beeinträchtigt sind, um so mehr schulden wir ihnen Unterstützung und Zuwendung und – soweit dies möglich ist – spezielle Heilbehandlung und Betreuung. Dankbar stellen wir fest, daß die Mehrzahl der Behinderten mit einer großen Liebe und oft unter größtem Einsatz von ihren Eltern und Geschwistern in den Familien betreut und gepflegt werden. Die Angehörigen spüren die Belastung, und sie müssen nicht geringe Opfer bringen; aber indem sie im unmittelbaren Austausch Anteil nehmen an Freude und Angst, Glück und Schmerz, entwickeln sie ein intensives Verständnis für alles wahrhaft Menschliche und erfahren so auch eine Bereicherung. Damit die Familienmitglieder nicht überfordert werden, brauchen sie spontane und regelmäßige Hilfe aus dem weiteren Kreis nicht nur der Verwandtschaft, sondern auch der Nachbarschaft und Gemeinde. Oft können sie die Behinderten nur bei sich behalten, weil unterstützende Dienste und Tageseinrichtungen sie entlasten. Die Kirchen wissen sich in der Pflicht, weiterhin einen wesentlichen Beitrag zu leisten, damit die erforderlichen Voll- und Teilzeiteinrichtungen, z. B. Werkstätten für Behinderte, Tagesstätten, Sonderkindergärten und -schulen, verfügbar sind. Damit die vielfältigen Angebote erhalten und weiter entwickelt werden können, ermutigen wir junge Menschen zum Dienst an Behinderten in Heimen und offenen Einrichtungen.

c) Bedrohung und Benachteiligungen von behinderten Menschen

Behinderte können sich oft weder als Kinder noch als Erwachsene in Familie und Gesellschaft angemessen beteiligen und durchsetzen. Dies bedeutet eine erhebliche Schwierigkeit, zumal in einer Gesellschaft, die wie unsere in weiten Bereichen auf dem Prinzip der Konkurrenz ihrer Glieder untereinander aufbaut. So wird behindertes Leben ein vielfältig bedrohtes und benachteiligtes Leben. Dies gilt vor allem in folgender Hinsicht:

– Immer dann, wenn das soziale Klima der Gesellschaft strapaziert erscheint, droht Behinderten, daß sie als Belastung in Mißkredit geraten. Auch wenn der Staat bei allgemeinen Sparmaßnahmen die Zuschußmittel für Behinderte und deren Einrichtungen nicht kürzt, kann dies spürbar werden. Das sozial-kommunikative Klima, in dem Behinderte leben, ist für sie von noch größerer Bedeutung als die materiellen Hilfsmittel, die für sie bereitgestellt werden.

– Auf die Inhalte und Methoden pädagogischer und therapeutischer Initiativen für Behinderte wird – manchmal unbemerkt – die Erwartung übertragen, es könne erreicht werden, was allgemein als »normal« gilt. Der behinderte Mensch bedarf dagegen einer Förderung nach Maß und Art seiner Behinderung. Behinderte, vor allem geistig Behinderte brauchen einen Ort zum Leben, an dem sie nicht schon deshalb Sanktionen ausgesetzt sind, weil sie nicht sind wie die anderen.

– Behinderte bedürfen verschiedenster Weisen der Betreuung. Darin liegt immer auch die Gefahr von Überbehütung und Abhängigkeit. Stellvertretung und Eingriffe in die Selbstbestimmung müssen so zurückhaltend wie nur möglich ausgeübt werden. Auch bei schweren Behinderungen sind alle Möglichkeiten der Stimulierung zu Aktivität und Eigeninitiative einzusetzen.

– Noch immer sind Behinderte verständnislosen Vorurteilen und einer fast instinktiven Abwehr ausgesetzt, die erst durch Erfahrungen gemeinsamen Lebens oder durch wechselseitige Erlebnisse zwischen Behinderten und Nichtbehinderten aufgelöst werden können. Daher begrüßen wir alle Versuche, durch unmittelbares Erleben ein tieferes Verstehen für die Eigenart von Denken und Verhalten Behinderter zu gewinnen. Damit soll nicht bestritten werden, daß es Formen unbeherrschbarer Aggressivität und Autoaggression gibt, die entsprechende Schutzmaßnahmen notwendig machen.

Die Eltern behinderter Kinder tragen trotz der Erleichterungen, die durch den Staat oder auf andere Weise gewährt werden, weitere erhebliche Belastungen. Es ist ein Gebot der Solidarität, daß die gesunden und leistungsfähigen Glieder der Gesellschaft für wesentlich größere Entlastungen aufkommen, als dies bisher geschieht.

d) Behinderung als langsam entstehende Gewißheit, als Schock, als Kränkung

Die Konfrontation mit einer Behinderung wird verschieden erlebt. Wenn sich im Verlauf einer Krankheit herausstellt, daß die Folge eine bleibende Behinderung sein wird, besteht am ehesten die Möglichkeit einer helfenden Begleitung. Der von der Behinderung betroffene Mensch und seine familiäre Umgebung können sich darauf einstellen, entsprechende Hilfestellung in Anspruch nehmen und ihr Leben in der Zukunft entsprechend anders gestalten.

Schwieriger stellt sich die Situation dar, wenn eine Behinderung durch einen schweren Unfall und damit plötzlich verursacht wird. Manchmal wird das Überleben dankbar als Geschenk Gottes empfunden; aber eine Lähmung auf Dauer und die damit verbundene völlige Pflegebedürftigkeit können besonders bei jüngeren Menschen sowohl den Betroffenen wie seine Angehörigen wie ein heilloser Schock treffen. Hier ist spürbare Hilfsbereitschaft notwendig, wenn der Wille zum Leben die Eigenkräfte zunehmend und auf Dauer wieder wecken soll.

Vor eine Herausforderung anderer Art werden Eltern durch die Geburt eines behinderten Kindes gestellt. Die Frage quält, was die Behinderung mit ihnen, ihrer Gesundheit oder ihrem Verhalten zu tun habe. Sie sind ratlos angesichts einer ungewissen Zukunft und fürchten eine zunehmende Bindung ihrer Kräfte, oft gerade in einer Zeit des Aufbaus eines Familienlebens. Wenn Bekannte ihnen unbefangen zum »glücklichen Ereignis« gratulieren möchten und sie ihnen ihr Leid erklären müssen, überfällt sie Bitterkeit. All dies kann zur tiefen Kränkung ihres Lebensgefühls werden. In solcher Situation brauchen Eltern Begegnungen, aus denen sie das Leben auch ihres behinderten Kindes bejahen und als einen Wert in sich und für sie zu begreifen vermögen. Wenn sie Unterstützung und einfühlsame Anerkennung finden, werden sie am ehesten in der Lage sein, dem Kind ihre Liebe zu widmen und die Sorge um das Kind in ihre Lebensperspektive zu integrieren. Daher bitten wir die Christen, insbesondere die jungen Familien, angesichts solcher Nöte den Betroffenen beizustehen und aus der Liebe Christi die Last miteinander zu tragen.

Die Auseinandersetzung mit der Behinderung ist für den behinderten Menschen selbst wie für seine Angehörigen sehr häufig mit der Theodizee-Frage verbunden: Wie kann Gott das zulassen? Warum bin gerade ich, warum sind gerade wir betroffen? Diesen Fragen läßt sich nur standhalten, wenn dem darin zum Ausdruck kommenden Schmerz und der damit verbundenen Anklage gegen Gott Raum gegeben wird und auf vorschnelle Antworten verzichtet wird. Der Versuch einer Antwort kann wohl immer nur das Ziel haben, deutlich zu machen: Gott liebt jeden einzelnen Menschen unabhängig von seiner körperlichen Verfassung; Gott will auch den Behinderten, er will nicht die Behinderung. Auf diese Weise wird vielleicht ein Beitrag geleistet werden, damit ein behinderter Mensch und seine Angehörigen die gegebene Lebenssituation bejahend annehmen können.

e) Zur Akzeptanz behinderter Menschen

Behinderung ist eine Provokation, eine Anfrage an unser Lebensverständnis: Haben wir ein Bild vom Menschen, das über Vitalität, Gesundheit und Erfolg hinausreicht? Können wir unser Leben trotz Schwachheit und Gefährdung als Geschenk betrachten? Gewiß ist anzuerkennen, daß sich seit einiger Zeit sehr viele Menschen in Kirche und Gesellschaft um die Behinderten mühen. Dies hat zu einer größeren Akzeptanz der Behinderten geführt; dennoch gilt dies nicht überall, und es bleiben Unsicherheiten. Wie soll sonst auf einen Nenner gebracht werden, daß die »Aktion Sorgenkind« von einer breiten Öffentlichkeit mitgetragen und gleichzeitig die »eugenische Indikation«, also die Möglichkeit des Schwangerschaftsabbruchs aufgrund einer schweren gesundheitlichen Schädigung des ungeborenen Kindes, weithin beansprucht wird? Der Staat setzt heute Mittel für Behinderte ein in einem Umfang wie noch nie zuvor. Aber die finanziellen Leistungen des Staates allein können dem Behinderten nicht das Gefühl des Angenommenseins geben. Uns allen ist die Aufgabe gestellt, zur Akzeptanz behinderter Menschen beizutragen. So benötigen, auch wenn andere Berufe attraktiver sind, die Behinderteneinrichtungen Mitarbeiterinnen und Mitarbeiter. Die Einrichtungen sind in ihrer Arbeit von einer menschenfreundlichen Einstellung gegenüber den Behinderten abhängig.

f) Zur Integration behinderter Menschen

Behinderte Menschen sind in unterschiedlichem Umfang und unterschiedlicher Weise gehindert, ihr Leben aktiv und eigenverantwortlich zu gestalten. Darum sollen ihnen alle Hilfen zuteil werden, mit deren Einsatz die Behinderung teilweise ausgeglichen und ihre Fähigkeiten verbessert werden können. Hier sind spezielle Einrichtungen und spezialisierte Unterstützung gefordert. Jedoch ist auch die Integration von Behinderten in ihrer sozialen Umgebung erstrebenswert: denn sie sollen in die Lage versetzt werden, soweit wie nur irgend möglich ihr Leben als Menschen unter anderen Menschen zu führen. Integration zielt immer darauf, gemeinsam zu leben und zu lernen.
Der erste Schritt zur Integration geschieht in der Familie und von ihr aus im unmittelbaren sozialen Umfeld. Eltern brauchen also die ersten Anregungen für einen entsprechend fördernden Erziehungsstil. Ein entscheidendes Moment für die Integrationsfähigkeit ist eine gute Frühförderung, angepaßt an die jeweilige Behinderung; die Förderung ist sowohl im medizinischen wie im (sonder)pädagogischen Bereich erforderlich. Dabei ist im Blick auf die einzelnen Behinderungen

zu differenzieren: Bei Blinden sind Integrationsversuche durch frühe Orientierungshilfen besonders erfolgreich; schwieriger ist es bei Gehörlosen, deren Kommunikationsfähigkeiten sorgfältig erkundet und geübt werden müssen, damit sie nicht vollständig auf Dolmetscherhilfen angewiesen bleiben. Im übrigen hängt die Integration von Körper- und Geistesbehinderten vom Schweregrad ihrer Störungen ab.

Die Integration im Schulbereich ist zu fördern, soweit nicht die behinderten Kinder eine spezifisch auf sie abgestellte Förderung nötig haben und die Entwicklung der nichtbehinderten Kinder durch die besondere Zuwendung zu den Behinderten gefährdet würde. Der Wunsch vieler Eltern nach Integration ihrer behinderten Kinder, besonders im gemeinsamen Kindergarten, verdient Unterstützung. Insgesamt muß auch hier vom Wohl des Kindes her gedacht werden. Um unbedachte Vorstellungen abwehren zu können, sollte die Zusammenarbeit zwischen Elternhaus und Schule und außerschulischer Beratung verstärkt werden.

Die Frage der Integration wird besonders wichtig, wenn Behinderte als junge Erwachsene in das Arbeitsleben eintreten. Hier ist zu unterscheiden zwischen einer Tätigkeit in beschützenden Werkstätten und einer Tätigkeit auf dem freien Arbeitsmarkt. Es gibt inzwischen ein ausgebautes System von Behindertenwerkstätten; diese sollten für körperlich und psychisch Behinderte in größerer Zahl eingerichtet werden; denn wir bleiben auch auf fürsorgerische Maßnahmen angewiesen, um Behinderte am Arbeitsleben teilhaben zu lassen. Auf dem freien Arbeitsmarkt wird die Eingliederung von Behinderten ins Arbeitsleben zunehmend durch gutgemeinte, aber zu weitgehende Schutzvorschriften bzw. arbeitsrechtliche Bindungen erschwert; da die Eingliederung oft nur in kleinen Schritten zu erproben ist, können diese Vorschriften zum Hemmnis für die Eingliederung werden. So erzielen Forderungen nach einem existenzsichernden Mindestlohn mit einer entsprechenden rechtlichen Absicherung unter Umständen nicht die erwünschte oder sogar die gegenteilige Wirkung, wenn die Regelungen auf leistungsgeminderte Menschen bezogen werden müssen. Sie erhalten eher eine Chance, wenn für sie außerhalb normaler Tarifverträge eine ihren Leistungsmöglichkeiten angemessene Bezahlung, freilich mit sozialer Sicherung, individuell vereinbart werden kann. Auf diesem Feld sind die Sozialpartner aufgerufen, realisierbare Vereinbarungen zu treffen bzw. zu ermöglichen. Aber es stellen sich auch Aufgaben für den Gesetzgeber, etwa im Blick auf Regelungen des Arbeitsförderungsgesetzes.

Die Bemühungen um Integration stellen einen wichtigen Schritt dar, um die oft leidvolle Ausgrenzung Behinderter aus dem gesellschaftlichen Leben zu überwinden. Aber diese Bemühungen müssen an den wirklichen Erfordernissen orientiert bleiben und dürfen nicht zum Gegenstand eines ideologischen Streites gemacht werden. Der Grundsatz muß heißen: Wir sind für so viel Integration wie möglich; aber wir sind uns bewußt, daß es Grenzen dieser Möglichkeiten gibt.

g) Behinderteneinrichtungen und Gemeinden

Die Kirchengemeinden sind in Gottesdienst, Hilfstätigkeit, Gruppen und Kreisen Begegnungsort und Lebensfeld der Christen, zu denen sich alle eingeladen wissen dürfen. Am wenigsten sollten Behinderte sich als übersehen oder ausgeschlossen erfahren. Im Gottesdienst müssen die Mitfeiernden das nötige Verständnis für Behinderte aufbringen, auch wenn deren Verhalten nicht immer den allgemeinen Erwartungen angepaßt sein kann. Die Prediger haben zu bedenken, daß sie auch zu Behinderten und ihren Angehörigen reden. Durch die Gemeinden können Familienkreise angeregt werden, in denen Eltern behinderter Kinder Anschluß an andere finden und so Verständnis, Unterstützung und Entlastung erfahren. Zu begrüßen ist, daß nicht wenige Gemeinden Eltern mit ihren behinderten Kindern zu Freizeiten einladen; sie stellen einen ganz besonderen Wert für Familien mit behinderten Menschen dar, nicht zuletzt dadurch, daß erfahrungsgemäß dort einmal geknüpfte enge Kontakte oft lange Zeit halten.

Was grundsätzlich angezeigt ist, erscheint angesichts der Bedürfnisse Behinderter um so dringlicher: Die vielfach entstandene Trennung zwischen Caritas bzw. Diakonie als spontaner Mitverantwortung der Gemeinde und ihrer Gruppen einerseits und organisierten speziellen Diensten andererseits muß auf jeden Fall verringert, je nach den Möglichkeiten auch abgebaut werden. Die Kirchen- und Pfarrgemeinderäte sollten sich darüber orientieren, welche Einrichtungen für die Betreuung und Förderung von Behinderten, angefangen von Vollzeiteinrichtungen bis hin zur Frühberatung, in ihrer Umgebung existieren, und sich um Kontakt zu diesen Behinderteneinrichtungen bemühen. Wo in Zukunft neue Einrichtungen geplant werden, empfiehlt es sich, darauf zu achten, daß sie von vornherein ihre Arbeit mit einem Bezug zu den Familien und den Gemeinden der Umgebung beginnen. So sehr der fachliche Dienst bei Familien und Gemeinden Wertschätzung erfährt – er darf nicht dazu führen, daß die Familien und Gemeinden selbst nicht mehr alle ihre Möglichkeiten für eine Verbesserung des Lebensalltags der Behinderten ausschöpfen.

h) Fortentwicklung und Ausbau der pränatalen Diagnostik

Von 100 Neugeborenen kommen etwa vier mit mehr oder minder schweren Störungen oder Schäden auf die Welt. Die Medizin bietet in bestimmten Fällen Hilfe an, um schon vor der Geburt solche Schäden zu erkennen.

Die *genetische Beratung* ist eine ärztliche Hilfe für ratsuchende Paare im Blick auf künftige Kinder. In der Beratung soll schon vor Heirat und Schwangerschaft geprüft werden, ob die Gefahr, daß diese Kinder mit einer Behinderung geboren werden, über dem Durchschnitt liegt. Die Ratsuchenden werden also über das genetische Risiko für ihre Nachkommen informiert. Wo familiäre Belastungen erkennbar sind, ist vor Heirat und Schwangerschaft eine genetische Beratung angezeigt. Bei der Partnerwahl sollte auch die Verantwortung zukünftiger Elternschaft schon im Blickfeld sein. Dadurch können zahlreiche Konfliktsituationen vermieden werden. Ist das genetische Risiko zu hoch, dann kann das Paar die Frage nicht umgehen:
– Sind wir bereit, ein behindertes Kind anzunehmen und aufzuziehen, nötigenfalls mit fremder Hilfe?
– Oder können wir es nicht verantworten, einem Kind das Leben zu schenken?
Der feste Entschluß, ein Kind nur dann auszutragen, wenn es keine Schäden aufweist, ist sittlich unannehmbar.

Im Unterschied zur Risikobestimmung in der genetischen Beratung vor der Schwangerschaft will die *pränatale*, d. h. vorgeburtliche *Diagnostik* bei bereits bestehender Schwangerschaft feststellen, ob ein ungeborenes Kind mit der befürchteten Krankheit oder Behinderung behaftet ist. Die moderne Medizin hat dazu verschiedene Verfahren entwickelt. Einige Eltern können dadurch im Fall einer Risikoschwangerschaft die Gewißheit erlangen, daß sie sich auf ein gesundes Kind freuen können. Andere Eltern können sich auf die schwierige Aufgabe vorbereiten, daß sie ein krankes oder behindertes Kind erhalten werden. Die vorgeburtliche Diagnostik könnte möglicherweise noch hilfreicher werden, wenn – wie nicht wenige hoffen – die Therapie weiterentwickelt wird. In diesem Sinne kann eine umfassend verstandene Diagnostik entlasten und lebenserhaltend wirken.

Schließlich konfrontiert aber die gleiche diagnostische Möglichkeit 3 % der Mütter mit der harten Wirklichkeit, daß sie sicher oder sehr wahrscheinlich ein krankes Kind gebären werden. An dieser Stelle liegt das Problem der pränatalen Diagnostik. Gewöhnlich werden in der Medizin diagnostische Verfahren angewandt, um aufgrund der Diagnose kranke Menschen zu heilen. Die pränatale Diagnostik kann aber nicht nur angewandt werden, um zu helfen, sondern auch, um eventuell zu töten. Dies ist wohl auch für die Medizin ethisch eine neue Situation. Die pränatale Diagnostik zieht heute in bestimmten Fällen fast von selbst den Schwangerschaftsabbruch nach sich. Dabei zielt sie faktisch auf die Entscheidung über Leben oder Tod des erwarteten Kindes. Der Schwangerschaftsabbruch erscheint als die geringere Last. Angesichts eines solchen »Automatismus«, der schon kleinere Krankheitsrisiken bei dem erwarteten Kind zum Anlaß nehmen kann, eine solche Schwangerschaft nicht auszutragen, warnen heute nicht wenige vor den großen Gefahren, die sich mit der Anwendung der pränatalen Diagnostik verbinden. Jedenfalls wird so ihre faktische Ambivalenz offenkundig.

Manche Eltern erfahren die drohende Behinderung eines Kindes als Zumutung, die über ihre Kräfte geht. Aber der Wert eines menschlichen Lebens kann nicht am Grad seiner Gesundheit gemessen werden. Ändert man hier grundlegende Maßstäbe, so wird auch das Verhältnis zu Kranken, Alten und Behinderten erheblich beeinflußt. Es ist von vornherein eine schwerwiegende Entscheidung, wenn sich der

Mensch zum Richter über Lebenswertes und Nichtlebenswertes macht. Der »Wert« eines menschlichen Lebens gründet entscheidend darin, daß der Mensch von Gott nach seinem Bilde geschaffen, von ihm bei seinem Namen gerufen und in Liebe angenommen ist. So hat Gott jeden Menschen zum Leben und zur ewigen Zukunft eingeladen. Die Krankheit eines Kindes kann niemals eine sittliche Rechtfertigung für seine Tötung sein.

Die pränatale Diagnostik verführt, wie die Erfahrung aufweist, viele Eltern dazu, bei einer zu erwartenden Schädigung die Leibesfrucht abtreiben zu lassen. Wir verkennen nicht den seelischen Druck, dem Frau und Mann durch die Mitteilung eines entsprechenden Befundes ausgesetzt werden. Wir verkennen auch nicht die Macht der öffentlichen Meinung, die dahin drängt, diesen Druck durch die Tötung des ungeborenen Kindes zu beseitigen.

Vor diesem Hintergrund wäre der Einsatz eingreifender Maßnahmen der pränatalen Diagnostik ethisch nur unter folgenden Gesichtspunkten vertretbar:
– Die Diagnose darf keine Routinemaßnahme werden.
– Sie darf nur auf Wunsch der Schwangeren durchgeführt und ihr nicht vom Arzt aufgedrängt werden.
– Sie ist nur berechtigt, wenn eine starke Beunruhigung der Schwangeren auf andere Weise nicht behoben werden kann.

Schließlich darf nicht übersehen werden, welche Mentalität durch eine Koppelung von vorgeburtlicher Diagnose und Schwangerschaftsabbruch im Blick auf das Leben von behinderten Menschen und ihre Annahme durch die Gesellschaft ausgebildet werden kann. Zunächst dürfte die Bereitschaft schwinden, von Geburt an behinderte Menschen anzunehmen und in ihnen eine Lebensaufgabe zu sehen. Die Gesellschaft könnte dahin kommen, daß sie behinderte Kinder überhaupt nicht mehr akzeptiert. Sie hätten schließlich ungeboren bleiben können. Für das Selbstverständnis der Behinderten wären die Folgen angesichts einer solchen Einschätzung durch die Mitwelt unabsehbar.

Das gesunde Kind könnte am Ende geradezu zu einem einklagbaren Anspruch werden. Erste Gerichtsurteile deuten bereits in diese Richtung. Ärzte sind wegen fehlerhafter Diagnose, Beratung oder Behandlung für die Folgen unterbliebener Schwangerschaftsabbrüche haftbar gemacht worden. Dies wird das Verhalten von Schwangeren und Ärzten nachhaltig beeinflussen.

i) Eugenische Tendenzen

Eugenische Maßnahmen zielen darauf hin, die Erbanlagen künftiger Generationen von Menschen zu sichern oder zu verbessern. Ausgangspunkt der Überlegungen ist dabei der gegenwärtige Zustand der Spezies Mensch. Die negative Eugenik will Abweichungen nach unten, etwa Krankheiten bzw. die Veranlagung dazu, ausschließen. Positive Eugenik will Abweichungen nach oben, z. B. eine besonders kräftige Konstitution, fördern. In verschiedenen Bereichen zeigen sich heute mehr oder weniger offenkundige eugenische Tendenzen.

Wird die vorgeburtliche Diagnostik – begünstigt durch genetische Testmethoden – auf möglichst viele Risikogruppen ausgedehnt, besteht die Gefahr, daß es bei diesen Verfahren nicht mehr um individuelle medizinische Vorsorge geht, sondern um eugenische und ökonomische Interessen der Gesellschaft. Einer weiteren Gefahr eugenischer Maßnahmen begegnet man dort, wo behinderten und kranken Menschen das Recht auf Fortpflanzung abgesprochen wird. Diesem Standpunkt liegt die Überlegung zugrunde, Menschen könnten überfordert sein und darum sei in solchen Fällen das Selbstbestimmungsrecht einzuschränken. Etwas anderes ist es, behinderte und kranke Menschen unter Umständen zu einem Verzicht auf Fortpflanzung zu bewegen und ihnen geeignete Formen des Lebens in Gemeinschaft zu ermöglichen.

Wir dürfen die unselige Vergangenheit nicht vergessen, in der eugenisches Gedankengut in das Programm des NS-Staates aufgenommen und dann auch praktiziert worden ist. Die damaligen Erfahrungen lehren uns: Wer einmal den Wert menschlichen Lebens einem ideologischen Ziel, und sei es dem »Glück« der Eltern, des Staates oder einer Rasse, unterordnet, der wird auch bald bei anderen Gelegenheiten den Lebensschutz lockern und Leben zur Disposition stellen. In unseren Tagen treten solche und ähnliche Vorstellungen in neuem Gewand auf. Die Erfolge der modernen Medizin, so wird gesagt, verhelfen immer mehr genetisch geschädigten Menschen zum Überleben und zur Fortpflanzung. Dem könne beispielsweise durch den Einsatz der Genomanalyse entgegengewirkt werden, die eine frühzeitige Selektion erlaube und damit den genetischen Niedergang aufhalte. Ganz abgesehen davon, daß diese Theorie unrealistisch ist, denn ein beträchtlicher Teil genetischer Schäden ist nicht ererbt, sondern entsteht durch Mutationen – hier wird die Menschenwürde angetastet, mit der die Personrechte und damit auch das Recht auf Fortpflanzung verbürgt sind.

Eugenische Tendenzen werden auch im Zusammenhang mit der angestrebten kausalen Gentherapie (Keimbahntherapie) sichtbar. Denn dabei soll die Krankheit nicht nur bei dem konkreten Individuum behandelt, sondern auch für alle künftigen Nachkommen ausgeschlossen und so, gewollt oder ungewollt, das Erbgut der Bevölkerung verbessert werden.

Die entscheidende Voraussetzung für die Billigung einer eugenisch motivierten Maßnahme ist es, daß sie nur auf den Einzelfall abstellt und zum Wohle eines einzelnen Menschen geschieht; dabei muß die Freiwilligkeit, also die Möglichkeit, auch Nein sagen zu können, gewahrt werden. Aber eugenische Gedanken dürfen niemals zur Selektion und Diskriminierung von Menschen führen, und die Rechte des einzelnen müssen um so mehr Maßstab gesellschaftlicher Interessen sein, je schwächer er ist. Darum sind alle eugenisch orientierten Bevölkerungsprogramme abzulehnen.

4. Organverpflanzung

Die Möglichkeit der Organentnahme von einem lebenden oder verstorbenen Spender und der Organübertragung auf einen (kranken) Empfänger stellt angesichts der Aufgabe des Schutzes des Lebens vor gewichtige Fragen. Dabei sind die Fragen der medizinischen Möglichkeiten und der rechtlichen Zulässigkeit von Organverpflanzungen hier nicht zu erörtern. Übertragen werden inzwischen – mit Ausnahme des Gehirns – alle lebenswichtigen Organe und Gewebe (Organe: Nieren, Herz, Leber, Lunge, Bauchspeicheldrüse; Gewebe:

Haut, Augenhornhaut, Ohrenknorpel). Versucht wurde auch schon die Übertragung von Tierorganen auf den Menschen.

Grundsätzlich anzuerkennen ist die Absicht, durch Organspende und Organverpflanzung leidenden oder gar lebensbedrohten Mitmenschen zu helfen. Deshalb haben bereits bisher kirchliche Äußerungen zur Organspende nach dem eigenen Ableben ermuntert. Die Kirchen wollen auch weiterhin die Bereitschaft zur Organspende wecken und stärken. Die Organspende kann eine Tat der Nächstenliebe über den Tod hinaus sein. Bei Organverpflanzungen besteht freilich die Versuchung, daß man meint, durch neue Organe dem Leben neue Jahre schenken zu können, ohne daß es gelingt, den Jahren neues Leben zu schenken.

Bei Organübertragungen von einem Menschen auf einen anderen ist es notwendig, zwischen der Lebendspende und der Organentnahme von einem soeben Verstorbenen zu unterscheiden. Eine *Organübertragung von einem lebenden Spender* ist nur in ganz seltenen Aus-. nahmefällen vertretbar. Wegen der Abstoßreaktion wurden die ersten Nierenübertragungen zwischen Verwandten vorgenommen, da hier die genetische Disposition die Chancen für die Annahme des Organs durch den Körper des Empfängers wesentlich erhöht. Gegen eine Lebendspende sprechen allerdings auch gewichtige Einwände, die sich vor allem aus den Risiken für den Spender ergeben. Eine Lebendspende kommt überhaupt nur bei zweipaarigen Organen in Frage. Auch in diesem Fall steigt das Risiko des Spenders, der dann beispielsweise nur noch über eine Niere verfügt. Auch bleibt die Frage offen, ob zwischen Verwandten (oder Freunden) eine Organspende, zu der es der ausdrücklichen Einwilligung des Spenders bedarf, immer freiwillig und ohne seelischen Druck zustandekommt.

Die zwischen Spender und Empfänger bestehenden psychischen Abhängigkeiten sind ebenfalls zu beachten: Ein Organ empfangen bedeutet, das Weiterleben dem Spender zu verdanken; eine Abstoßreaktion kann als Zeichen der Undankbarkeit gedeutet werden. Wegen dieser schwerwiegenden und weitreichenden Folgen ist man heute von der Lebendspende weithin abgekommen; sie kann überhaupt nur in ganz seltenen Grenzfällen unter dem Gesichtspunkt des außergewöhnlichen Opfers in Erwägung gezogen werden.

Auch die *Organentnahme von Verstorbenen* und die Übertragung von Organen, wie Niere, Herz, Lunge, auf einen Empfänger, der dringend lebensrettender oder lebensverlängernder Hilfe bedarf, wirft einige Fragen auf.

Es muß mit Sicherheit festgestellt sein, daß der Spender tatsächlich tot ist und daß sein Leben nicht zugunsten eines Empfängers vorzeitig für tot erklärt wurde. Der Hirntod ist das Zeichen des Todes der Person. Diese Todesfeststellung ist einwandfrei nachzuweisen, zu dokumentieren und von Fachärzten, die vom Transplantationsteam unabhängig sind, festzustellen. Die Festlegung der Todeszeitbestimmung und der Methoden der Todesfeststellung fällt in die Zuständigkeit der medizinischen Wissenschaft und ist nach medizinischen Kriterien zu definieren. Der Tod des Gesamthirns wird mit dem Eintritt des Todes des Individuums gleichgesetzt, weil damit die Steuerung der leib-seelischen Einheit des Organismus beendet ist.

Organverpflanzungen dürfen, weil sie einen Eingriff in die körperliche Integrität darstellen, nicht ohne die Einwilligung des Spenders bzw. seiner Angehörigen und ebensowenig ohne die Einwilligung des Empfängers vorgenommen werden. In Notfällen stellt sich im Blick auf den Empfänger allerdings die Frage der mutmaßlichen Einwilligung. Strittig ist, wer im Falle der Organentnahme die Einwilligung zu geben hat, sofern der Verstorbene sich nicht zu Lebzeiten ausdrücklich und nachprüfbar für oder gegen eine Organentnahme ausgesprochen hat. Die rechtliche Regelung für die Einwilligung der Hinterbliebenen ist in diesem Fall schwierig.

Die Verpflichtung zur Pietät gegenüber dem Verstorbenen ist kein Einwand gegen die Organentnahme. Im Umgang mit dem Leichnam schuldet man die Pietät einer verstorbenen Person. Aus der Achtung der Pietät folgt jedoch nach christlichem Verständnis kein absolutes Verbot eines Eingriffes.

Vorbehalte gegen die Organentnahme von Verstorbenen und die Übertragung von Spenderorganen sind verständlich. Eine christliche Sicht der menschlichen Person führt jedoch nicht zur grundsätzlichen Ablehnung der Organverpflanzung, wohl aber zu einschränkenden Anfragen. Generell läßt sich beobachten, daß heute auf dem Feld der Organverpflanzungen zu viel gemacht und zu viel experimentiert wird. Der Fortschritt der medizinischen Wissenschaft kann allein eine Organverpflanzung nicht rechtfertigen; manche Forscher haben freilich Experimente unter Gefährdung ihres eigenen Lebens gemacht, und entsprechend wird auch der Einsatz des eigenen Körpers bei einer Organverpflanzung nicht von vornherein abzuweisen sein. Eine Bevorzugung der Förderung eines bestimmten menschlichen Lebens auf Kosten der Hilfe für andere menschliche Leben ist abzulehnen; eine solche Bevorzugung geschieht, wenn finanzkräftige Patienten sich neue Organe »kaufen« können. Das Verlangen nach einer Verlängerung der Lebenszeit mit Hilfe einer Organverpflanzung kann auch dadurch hervorgerufen werden, daß man sich weigert, die Endlichkeit des menschlichen Lebens anzunehmen. Eine bloß quantitative Lebensverlängerung ist aus der Wahrnehmung des Schutzes des Lebens nicht abzuleiten.

Insgesamt sehen die Kirchen in einer Organspende eine Möglichkeit, über den Tod hinaus Nächstenliebe zu praktizieren, treten aber zugleich für eine sorgfältige Prüfung der Organverpflanzung in jedem Einzelfall ein.

5. Das Ende des menschlichen Lebens

a) Von der Würde des Sterbenden

Christliches Sterben ist gewiß kein angstloses, aber ein angst-bestehendes, angst-überwindendes Sterben, ein Sterben im Frieden, in dem der Sterbende mit seiner Lebensgeschichte und mit seinen Angehörigen ins Reine kommt. Christen wünschen und wollen, daß es ein Sterben sei, das der Betroffene als die letzte Phase seines Lebens selbst lebt, nicht umgeht und nicht ausläßt. Aber da jeder den Umständen des Sterbens immer auch ausgeliefert ist, ist würdig zu sterben Gnade und eigenes Werk zugleich.

Von den anderen ist jeder Sterbende als der zu achten, der sein Sterben selbst lebt. Deshalb kann auch beim Sterben eines Menschen alle Hilfe nur Lebenshilfe sein. Die Hilfe im Sterben, derer der Betroffene angesichts der Einsamkeit des Todes bedarf, besteht folglich in intensiver Zuwendung und in bestmöglicher ärztlicher Versorgung und Pflege. Sie will ihm darin beistehen, daß er sein körperliches Leiden ertragen und den bevorstehenden Tod selbst annehmen kann. Darin

wird sie die Würde des Sterbenden, seine letzte, ihm als Person ange-
hörende Unantastbarkeit, wahren und achten. Auch ein unheilbar
Kranker, der für andere nur noch eine Belastung ist, hat das ungeschmälerte Recht auf Leben. Kein Arzt darf ihn, solange er lebt, als
einen sogenannten »hoffnungslosen Fall« aufgeben und ihm nicht
mehr die ärztliche Grundversorgung zuteil werden lassen.
Jeder Umgang mit einem Sterbenden hat in diesem fundamentalen
Respekt vor ihm zu geschehen. Alle medizinischen und pflegerischen
Maßnahmen sind in dieser Achtung vor seiner Würde vorzunehmen.
Es darf nicht verhindert werden, daß der Sterbende auch am Ende
seines Lebens selbst über sich bestimmt. Das schließt ein, daß man des
anderen Weise, sterben zu wollen, selbst dann achtet, wenn man an
sich sein Vorgehen nicht billigt. Wenn ein Sterbenskranker äußerungsfähig ist und bewußt weitere medizinische Maßnahmen ab-
lehnt, so ist ihm zu folgen. Und wenn er nicht mehr äußerungsfähig
ist, dann soll der Arzt wie ein guter Anwalt im wohlverstandenen
Interesse des Sterbenden und zu dessen individuellem Wohl handeln.
Dieser Grundsatz kann im Einzelfall sehr wohl das Unterlassen oder
Einstellen von (weiteren) medizinischen Eingriffen zur Folge haben,
wenn diese – statt das Leben dieses Menschen zu verlängern – nur
dessen Sterben verlängern. Nicht jedoch folgt daraus, daß jegliches
Ansinnen eines Sterbenden an andere, etwa an einen Arzt, von diesen
zu befolgen wäre.

b) Die Unverfügbarkeit des anderen

Die Unverfügbarkeit des anderen, seine Unantastbarkeit als Person,
bedeutet die Einräumung eines unbedingten Lebensrechts des anderen und die prinzipielle Respektierung seines Eigenrechts, seines
Selbstbestimmungsrechts (s. auch schon S. 40f). Der Mensch darf
den anderen Menschen nicht absichtlich so zum bloßen verfügbaren
Objekt machen, daß dieser nicht mehr zugleich Subjekt eigener Entscheidung sein kann, sich nicht mehr zu dem verhalten kann, was ihm
da geschieht. Sein Leben selbst und das Eintreten seines Todes stehen
nicht in der Verfügung anderer. Ohne solche prinzipielle Grenze für
alle Eingriffe wäre die Würde des Menschen preisgegeben. Dies auch

gegenüber verwirrten alten Menschen festzuhalten und durchzuhalten wird in der voraussehbaren Zukunft eine Aufgabe von zunehmendem Gewicht sein.

Keiner hat über den Wert oder Unwert eines anderen menschlichen Lebens zu befinden – selbst nicht über das eigene. Dies entzieht sich auch schlicht unserer Kenntnis: Denn jeder ist ungleich mehr und anderes, als er von sich weiß. Keiner lebt nur für sich; und was einer für andere bedeutet, das wird er nie genau wissen. Im Glauben daran, daß Gott das Leben jedes Menschen will, ist jeder mit seinem Leben, wie immer es beschaffen ist, unentbehrlich.

Ohne solche Anerkennung der Würde des anderen und ohne diese prinzipielle Einräumung seines Lebensrechts ist überhaupt kein Zusammenleben von Menschen möglich, wäre überhaupt kein Recht und keine Liebe. Daraus folgt: Das Töten eines anderen Menschen kann unter keinen Umständen eine Tat der Liebe, des Mitleids mit dem anderen, sein, denn es vernichtet die Basis der Liebe.

c) Die Selbsttötung

In der Selbsttötung verneint ein Mensch sich selbst. Vieles kann zu einem solchen letzten Schritt führen. Doch welche Gründe es auch sein mögen – keinem Menschen steht darüber von außen ein Urteil zu. Die Beweggründe und die Entscheidungsmöglichkeiten eines anderen bleiben ebenso wie eventuelle Auswirkungen einer Krankheit im letzten unbekannt. Für den Christen bedeutet die Selbsttötung eines anderen Menschen eine enorme Herausforderung: Er kann diese Tat im letzten nicht verstehen und nicht billigen – und kann dem, der so handelt, seinen Respekt doch nicht versagen. Eine Toleranz gegenüber dem anderen noch über das Verstehen seiner Tat hinaus ist dabei gefordert. Doch die Selbsttötung billigen und gutheißen kann der Mensch nicht, der begriffen hat, daß er nicht nur für sich lebt. Jeder Selbsttötungsversuch kann für ihn nur ein »Unfall« und ein Hilfeschrei sein.

d) Leidensverminderung mit dem Risiko der Lebensverkürzung

Mit den pharmakologischen und operativen Mitteln der modernen Medizin ist, wenn der Patient das will, eine weitgehende Schmerzlinderung möglich. Dabei kann der Fall eintreten, daß solche Leidensverminderung mit dem Risiko der Lebensverkürzung behaftet ist. Wenn das Eintreten des Todes nicht beabsichtigt ist, Zweck des Handelns vielmehr ist, das noch verbliebene Leben eines Sterbenden erträglich zu machen, so kann das tödliche Risiko als Nebenwirkung hingenommen werden. Auch in diesem Fall gilt, daß bei einem nicht mehr äußerungsfähigen Patienten der Arzt aufgrund seines ärztlichen Wissens überzeugt sein muß, sein Tun sei unter den gegebenen Umständen zum Besten des Patienten.

e) »Tötung auf Verlangen« bei einem Todkranken

Das Problem kann sich nur stellen bei einem bewußten, äußerungsfähigen Kranken, dessen Tod nach ärztlichem Wissen absehbar und unaufhaltsam bevorsteht. Eine beabsichtigte Tötung eines Kranken gegen dessen Willen kann niemand ernsthaft erwägen.

Beim sogenannten »Todeswunsch« eines Kranken ist zu unterscheiden:

1. ob er sich nach dem Tode sehnt, sterben will; oder
2. ob er seinen Lebenswillen aufgibt, sich dem Weiterleben verweigert; oder
3. ob er sich aktiv selbst das Leben nehmen will; oder
4. ob er an einen anderen, an den Arzt oder einen Angehörigen, das Ansinnen stellt, er solle ihn töten, also die letzte Verantwortung übernehmen.

Der Unterschied zwischen der Bereitschaft oder der Sehnsucht zu sterben und dem an einen anderen gerichteten Verlangen zu töten ist unübersehbar. Nur von diesem letzteren ist hier die Rede.

Es kann die Situation eintreten, daß ein Mensch sein Leben nicht mehr annehmen und führen möchte, daß ihm der Tod »besser« zu sein scheint als sein schreckliches Leben. Ist er zudem in einer hilflosen Lage, so kann es auch dazu kommen, daß er an einen anderen jenes Verlangen, ihn zu töten, stellt. Doch müßte ihm dann nicht – schonend, aber klar – gesagt werden, warum dies sein Verlangen von einem anderen nicht übernehmbar ist? Ein Verzweifelter braucht intensive Zuwendung, um die Wahrheit zu erfahren, daß auch sein Leben nicht sinnlos ist.

Käme ein Arzt solchem Verlangen nach, so zöge er sich einen zerreißenden Konflikt zu zwischen seiner ärztlichen Berufspflicht, Anwalt des Lebens zu sein, und der ganz anderen Rolle, einen Menschen zu töten. Täte er es auch aus Mitleid – ließe sich dann vermeiden, daß man ihm auch noch andere Motive zu unterstellen beginnt? Das wäre das Ende jedes Vertrauensverhältnisses zwischen Arzt und Patient. Zuweilen ist es für einen Angehörigen sehr bedrückend, mitansehen zu müssen, wie schwer und qualvoll ein Mensch stirbt. Er prüfe sich selbst, ob es nicht seine Erschöpfung und seine ratlose Ohnmacht sind, die ihn zu dem Wunsch verleiten, dies sei nicht mehr auszuhalten, man möge das Leben des Sterbenden beenden, also ihn töten, um – wie man dann sich rechtfertigend sagt – ihm Leiden zu ersparen.

f) Sterbebegleitung

Begleitung des sterbenden Menschen wurde und wird durch ganz elementare Handreichungen wie durch tröstenden Zuspruch in vielen Familien praktiziert. Heute stellt sich die Aufgabe, diese Form der Sterbehilfe wieder stärker einzuüben und ihr auch in den Bereichen der professionellen Krankenbetreuung, also in den Krankenhäusern, den Pflegeheimen und der ambulanten Krankenversorgung, mehr Raum zu schaffen. In dieser Hinsicht hat die »Hospiz«-Bewegung wichtige Impulse und Anregungen gegeben.

g) Mutmachen zum Leben

Alle Teilnahme an der Krankheit und am Leiden eines Sterbenden wird darauf zielen, gemeinsam mit ihm herauszufinden, was sein Leben auch unter den Einschränkungen, die ihm auferlegt sind, in der ihm noch verbliebenen Spanne Zeit lebenswert und sinnvoll macht. Alles Bestreben und Gutzureden wird ihm nahebringen wollen, daß sein Leben wie das jedes Menschen, und sei es noch so behindert, für andere bedeutsam und wichtig ist. In der Stunde des Todeseintritts geht solche Teilnahme über in die Bitte, der Sterbende möge mit dem Bewußtsein in den Tod gehen, daß sein Leben nicht vergeblich, sondern von Gott gewollt und gesegnet war.

VII. Die Zukunft des Lebens

Das Leben hat Zukunft, weil Gott die Quelle des Lebens ist.

Die christliche Hoffnung für das Leben gründet sich auf die Auferstehung Jesu Christi von den Toten. Dieser Sieg des Lebens über den Tod ist der Vorschein einer neuen Welt, an der alle teilhaben werden, die mit Jesus Christus verbunden sind: Gott »wird in ihrer Mitte wohnen, und sie werden sein Volk sein; und er, Gott, wird bei ihnen sein. Er wird alle Tränen von ihren Augen abwischen: Der Tod wird nicht mehr sein, keine Trauer, keine Klage, keine Mühsal. Denn was früher war, ist vergangen. Er, der auf dem Thron saß, sprach: Seht, ich mache alles neu ... Wer durstig ist, den werde ich umsonst aus der Quelle trinken lassen, aus der das Wasser des Lebens strömt« (Offb 21,3–6).

Die neue Welt Gottes wird in den biblischen Schriften mit wechselnden Namen bezeichnet und in unterschiedlichen Bildern beschrieben. Anderes ist auch gar nicht zu erwarten; denn die ›alte‹ Sprache der Menschen reicht nicht hin, das Reich Gottes, den ›neuen‹ Himmel und die ›neue‹ Erde angemessen zu erfassen. Aufgrund der Auferstehung Jesu Christi ist den biblischen Zeugen aber dies gewiß, daß die andere Welt kommen wird, in der die dunklen Seiten dieser Welt, die zerstörerische Macht der Sünde und der Tod überwunden sind. Diese Perspektive schenkt Hoffnung und darum Gelassenheit: Was Menschen in der Welt, die vor Augen liegt, erfahren, ist erst das Vorletzte. Behinderung und qualvolles Sterben, die Bedrohung der natürlichen

Grundlagen des Lebens und das Ächzen und Stöhnen der Kreatur bleiben schmerzliche Zeichen für die Gebrochenheit der Welt vor Augen, aber auch noch über ihr leuchtet in Jesus Christus der »Morgenglanz der Ewigkeit«. Nichts anderes bezeugt die Kirche im Glaubensbekenntnis: Ich glaube an das ewige Leben.

Aus der Hoffnung auf das Letzte Gelassenheit im Blick auf das Vorletzte zu schöpfen bedeutet freilich nicht, daß das Vorletzte bleiben kann und bleiben soll, wie es ist. Kirche und Christen verfehlten ihren Auftrag, wenn sie den Minderungen und Bedrohungen des irdischen Lebens lediglich eine Jenseitshoffnung entgegenstellten. In Jesus Christus, seinem Leben, Sterben und Auferstehen, ist die neue Welt Gottes den Menschen nahegekommen, ja sie ist mitten unter ihnen (Mk 1,15; Lk 4,16–21; 17, 20). Weil Jesus Christus »alle Tage bis zum Ende der Welt« (Mt 28,20) gegenwärtig bleibt, darum können Christen den Mut und die Zuversicht gewinnen, auch heute in der Welt, in der sie leben, vorläufige und fragmentarische, aber verheißungsvolle Zeichen des Reiches Gottes, das im Kommen ist, aufzurichten.

Dies ist der Auftrag Jesu Christi an seine Gemeinde als ganze und an alle ihre einzelnen Glieder. Dazu will er sie durch sein Wort und Sakrament und durch die Gemeinschaft mit den Geschwistern im Glauben stets neu befähigen. Die Gemeinde Jesu Christi soll der Ort sein, an dem Menschen aus Illusionen und Depressionen zu dem Dienst gerufen und gestärkt werden, den sie im Alltag für das Leben tun sollen und können. Kein Eintreten für das Leben, wie viele dafür auch gewonnen werden und wie tatkräftig ihr Wirken auch ist, wird in der Lage sein, die Störungen und Zerstörungen des Lebens in der vorfindlichen Welt ganz zu beseitigen. Diese Welt bleibt das Vorletzte, gezeichnet von der zerstörerischen Macht der Sünde. Aus dieser Einsicht kommt auch die Nüchternheit, das Nötige und Menschenmögliche zur Bewahrung des Lebens und des Lebensraums Erde zu tun. Diese Welt vergeht. Solange Gott sie jedoch erhält, sind uns der Raum und die Zeit geschenkt, an der Seite Gottes, des Freundes des Lebens, anderes menschliches Leben, unser eigenes Leben und das Leben der nicht-menschlichen Kreatur mit allen unseren Kräften zu schützen.

Diese gemeinsame Erklärung wurde vorbereitet von einer durch die Deutsche Bischofskonferenz und den Rat der Evangelischen Kirche in Deutschland eingesetzten Arbeitsgruppe:

Dr. Elisabeth Buschmann, Freiburg
Bischof Dr. Walter Kasper, Rottenburg
Msgr. Vinzenz Platz, Stuttgart
Professor Dr. Johannes Reiter, Mainz
Rita Waschbüsch, Lebach / Saar (*Vorsitzende*)
Dr. Johannes Niemeyer, Bonn (*Geschäftsführer*)

Dr. Hanns Engelhardt, Wiesbaden
Professor Dr. Martin Honecker, Bonn (*Vorsitzender*)
Professor Dr. Traugott Koch, Hamburg
Lisa Weidle, Stuttgart
Dr. Hilde Wintzer, Meckenheim
Dr. Hermann Barth, Hannover (*Geschäftsführer*)